Korte Verhalen in het Duits

Korte verhalen in Duits voor beginners en gevorderden

Leon Meyer

Inhoud

Inleiding

Lezen in een vreemde taal is een van de meest effectieve manieren om uw taalvaardigheid te verbeteren en uw woordenschat uit te breiden. Toch kan het soms moeilijk zijn om boeiend leesmateriaal op een geschikt niveau te vinden dat een gevoel van prestatie en vooruitgang geeft. De meeste boeken en artikelen die voor moedertaalsprekers zijn geschreven, kunnen te lang zijn en moeilijk te begrijpen, of kunnen een woordenschat op zeer hoog niveau hebben, zodat u zich overweldigd voelt en het opgeeft. Als deze problemen bekend klinken, dan is dit boek iets voor jou!

Korte Verhalen in het Duits is een verzameling van 25 onconventionele en onderhoudende korte verhalen die zijn ontworpen om beginnende tot gemiddeld niveau Duits lerenden te helpen hun taalvaardigheden te verbeteren.

Deze korte verhalen creëren een ondersteunende leesomgeving door het opnemen van:

- Rijke taalkundige inhoud in verschillende genres om u te vermaken en u bloot te stellen aan een verscheidenheid van woordvormen.
- Kortere verhalen in hoofdstukken om u de voldoening te geven verhalen af te maken en snel vooruitgang te boeken.
- Teksten die op uw niveau geschreven zijn, zodat ze gemakkelijker te begrijpen zijn en niet overweldigend.
- Nederlandse vertaling op wisselende pagina's, zodat u er regel voor regel direct naar kunt verwijzen terwijl u het Duits verhaal leest.
- De belangrijkste woordenschat staat vetgedrukt in

het hele verhaal en de vertaling, zodat u onbekende woorden gemakkelijker kunt begrijpen.

- Begrijpelijke vragen om uw begrip van belangrijke gebeurtenissen te testen en om u aan te moedigen meer in detail te lezen.

Dus of u nu uw woordenschat wilt uitbreiden, uw begrip wilt verbeteren of gewoon voor uw plezier wilt lezen, dit boek is de grootste stap voorwaarts die u dit jaar in uw studie zult maken. Korte Verhalen in het Duits geeft u alle steun die u nodig hebt, dus leun achterover, ontspan, en laat uw fantasie de vrije loop terwijl u wordt meegevoerd naar een magische wereld van avontuur, mysterie en intrige - in het Duits!

Hoe dit boek te gebruiken

Lezen is een moeilijk talent om onder de knie te krijgen. We gebruiken een reeks microvaardigheden om ons te helpen lezen in onze moedertaal. We kunnen bijvoorbeeld een passage doornemen om een globaal idee te krijgen van waar het over gaat. Of we kammen een groot aantal bladzijden van een treindienstregeling door op zoek naar een specifieke tijd of plaats. Terwijl deze microvaardigheden een tweede natuur zijn bij het lezen in onze moedertaal, blijkt uit onderzoek dat we de meeste ervan vaak vergeten bij het lezen in een vreemde taal. Wanneer we een vreemde taal leren, beginnen we gewoonlijk bij het begin van een tekst en werken we ons een weg door de tekst, waarbij we elk woord proberen te begrijpen. Onvermijdelijk komen we onbekende of ingewikkelde termen tegen en raken we geïrriteerd door ons onvermogen om ze te begrijpen.

Een van de grootste voordelen van het lezen in een vreemde taal is dat je wordt blootgesteld aan een groot aantal zinnen en uitdrukkingen die in alledaagse situaties worden gebruikt. Extensief lezen is een term die wordt gebruikt om het lezen voor plezier aan te duiden om een taal te leren. Het is niet zoals het lezen van een tekstboek, wanneer gesprekken of teksten zijn ontworpen om langzaam en zorgvuldig te worden gelezen met het doel om elk woord te begrijpen. "Intensief lezen" verwijst naar lezen dat wordt gedaan om specifieke leerdoelen te bereiken of taken te voltooien. Anders gezegd, intensief lezen in tekstboeken helpt meestal bij het leren van grammaticaregels en bepaalde woordenschat, maar extensief lezen van verhalen helpt bij het leren van natuurlijke taal.

Korte Verhalen in het Duits biedt u de mogelijkheid om meer te leren over natuurlijk Duits taalgebruik, ook al bent u uw taalleertocht misschien begonnen met uitsluitend tekstboeken. Hier zijn een paar tips om in gedachten te houden als u de verhalen in dit boek leest om er het meeste uit te halen: Als het op lezen aankomt, zijn plezier en een gevoel van vervulling van cruciaal belang. Je blijft terugkomen voor meer omdat je geniet van wat je aan het lezen bent. Elk verhaal van begin tot eind lezen is de beste methode om plezier te beleven aan het lezen van verhalen en je volbracht te voelen. Het belangrijkste is dan ook om het einde van een verhaal te halen. Dat is eigenlijk nog belangrijker dan elk woord te kennen.

Hoe meer je leest, hoe meer kennis je zult opdoen. U zult snel een kennis hebben van hoe Duits werkt als u grotere boeken leest voor uw plezier. Bedenk echter wel dat u, om ten volle van de voordelen van extensief lezen te kunnen profiteren, eerst een voldoende omvangrijk boek moet lezen. Door hier en daar een paar bladzijden te lezen leert u misschien een paar nieuwe woorden, maar het zal geen significant verschil maken in uw algehele niveau van Duits.

Accepteer dat je niet alles zult begrijpen van wat je in een roman leest. Dit is, zonder twijfel, het meest cruciale punt! Onthoud altijd dat het volkomen aanvaardbaar is dat u niet alle woorden of zinnen begrijpt. Het betekent niet dat je taalvaardigheden ontoereikend zijn of dat je slecht presteert. Het geeft aan dat u actief betrokken bent bij het leerproces.

Leesgids

Om het meeste uit het lezen van Korte Verhalen in
het Duits te halen, kunt u het beste dit eenvoudige
leesproces in zes stappen volgen voor elk hoofdstuk van
de verhalen:

1. Lees de titel van het hoofdstuk. Denk na over waar
het verhaal over zou kunnen gaan. Lees dan het verhaal
helemaal door. Uw doel is gewoon het einde van het
verhaal te bereiken. Stop daarom niet om woorden op
te zoeken en maak u geen zorgen als er dingen zijn die u
niet begrijpt. Probeer gewoon de plot te volgen.

2. Wanneer u het einde van het verhaal hebt bereikt,
scant u de Nederlandse vertaling om te zien of u hebt
begrepen wat er is gebeurd en pikt u alle context op die
u misschien hebt gemist.

3. Ga terug en lees hetzelfde verhaal opnieuw. Als u
wilt, kunt u zich meer op de details van het verhaal
concentreren, maar anders leest u het gewoon nog een
keer door.

4. Werk vervolgens door de begripsvragen in Duits om te
controleren of u de belangrijkste gebeurtenissen in het
verhaal begrijpt. Als u de vragen niet helemaal begrijpt,
hoeft u zich geen zorgen te maken. Gebruik uw kennis
om zo goed mogelijk te antwoorden.

5. Op dit punt moet u de belangrijkste gebeurtenissen
van het hoofdstuk enigszins begrijpen. Als dat niet het
geval is, kunt u het hoofdstuk een paar keer herlezen,
waarbij u de vertaling gebruikt om onbekende woorden
en zinnen te controleren, totdat u zich zeker voelt.

Zodra u klaar bent en zeker weet dat u begrijpt wat er is gebeurd - of dat nu na één lezing van het verhaal is of na meerdere - gaat u verder met het volgende verhaal en geniet u verder van het verhaal in uw eigen tempo, net zoals u van elk ander boek zou genieten.

Pas als u een verhaal in zijn geheel hebt uitgelezen, moet u overwegen terug te gaan en de verhaaltaal desgewenst verder uit te diepen. Of in plaats van u zorgen te maken of u alles begrijpt, de tijd te nemen om u te concentreren op alles wat u hebt begrepen en uzelf te feliciteren met alles wat u hebt gedaan.

Korte Verhalen
in het Duits

Leon Meyer

Street Food probieren

Das erste Mal, dass ich deutsches Streetfood gegessen habe, war während einer Reise nach Berlin. Ich **erinnere mich, dass ich** eine gefühlte Ewigkeit in der Schlange stand, aber das war es wert, als ich endlich diese leckere Currywurst in die Finger bekam. Die Wurst war so saftig und die Currysauce war perfekt. Auch die knusprigen Pommes frites, die es dazu gab, fand ich klasse. Es war eine so einfache Mahlzeit, aber sie hat **fantastisch** geschmeckt. Seitdem bin ich süchtig nach **deutschem** Straßenessen. Wann immer ich in Berlin bin, muss ich mir eine Currywurst und Pommes besorgen (und manchmal sogar eine Brezel oder zwei). Aber auch wenn ich nicht in Deutschland bin, sehne ich mich von Zeit zu Zeit nach diesen Geschmacksrichtungen. Deshalb habe ich mich entschlossen, mein eigenes deutsches Street Food zu Hause zuzubereiten. Es bedurfte einiger Versuche (und einer Menge Essen), aber **schließlich habe** ich meine eigene Version der Currywurst perfektioniert. **Wenn ich** jetzt Lust auf etwas Herzhaftes und Würziges habe, brauche ich nur den Grill anzuwerfen und ein paar Würstchen zuzubereiten! Ich stand in der Schlange vor dem Currywurststand, und mir lief das Wasser im

Straatvoedsel uitproberen

De eerste keer dat ik Duits straatvoedsel at, was tijdens een reis naar Berlijn. Ik **herinner me dat** ik voor eeuwig in de rij stond, maar het was het waard toen ik eindelijk die heerlijke currywurst in handen kreeg. De worst was zo sappig en de kerriesaus was perfect. Ik hield ook van de knapperige frietjes die erbij zaten. Het was zo'n simpele maaltijd, maar het smaakte **geweldig**. Sindsdien ben ik verslaafd aan **Duits** straatvoedsel. Als ik in Berlijn ben, zorg ik ervoor dat ik currywurst en frietjes eet (en soms zelfs een pretzel of twee). Maar zelfs als ik niet in Duitsland ben, verlang ik nog steeds van tijd tot tijd naar die smaken. Daarom besloot ik te proberen thuis mijn eigen Duitse streetfood te maken. Het kostte wat vallen en opstaan (en veel eten), maar **uiteindelijk** heb ik mijn eigen versie van currywurst geperfectioneerd. **Als** ik nu trek heb in iets hartigs en smaakvols, hoef ik alleen maar de grill aan te zetten en wat worstjes te bakken! Ik stond in de rij voor de Currywurst kraam, mijn mond watertandend in afwachting. Ik kon de grillworst ruiken en dat deed mijn maag knorren.

Eindelijk was het mijn beurt om te bestellen. "Een currywurst alstublieft," zei ik terwijl ik wat euro's

Mund zusammen. Ich konnte den Geruch der gegrillten Würstchen riechen und mein Magen knurrte.

Endlich war ich an der Reihe, zu bestellen. "Eine Currywurst bitte", sagte ich, während ich ein paar Euro übergab. Die Frau hinter dem Tresen lächelte und legte mir eine **dampfend** heiße Wurst auf einen Pappteller. Dann **spritzte** sie etwas Currysauce darüber und gab eine Handvoll Pommes dazu, bevor sie mir alles überreichte. Ich nahm mein Essen und suchte mir einen Platz an einem der nahe gelegenen Picknicktische. Dann stürzte ich mich darauf und genoss jeden Bissen dieses köstlichen **deutschen** Straßenessens. Die Wurst war saftig und würzig, und die Currysauce gab genau die richtige Menge an Schärfe hinzu. Und die knusprigen Pommes frites waren perfekt, um sie in die extra Portion Soße zu tunken! Ich spazierte durch die Straßen Berlins und nahm alle Sehenswürdigkeiten und Geräusche in mich auf. Die Stadt war voller Menschen, und es gab so viele Dinge zu sehen.

Ich kam an einigen **Straßenhändlern vorbei**, die alles von Brezeln bis hin zu **Würstchen** verkauften, aber mein Magen war schon voll vom Mittagessen, also ging ich weiter. Plötzlich duftete es nach Currywurst, und mir lief das Wasser im Mund zusammen. Ich konnte nicht widerstehen, noch einen letzten Snack zu mir zu nehmen, bevor ich mich auf den Weg zu meinem Hotelzimmer machte.

overhandigde. De vrouw achter de toonbank glimlachte en legde een **gloeiend** heet worstje voor me op een papieren bord. Vervolgens **spoot** ze er wat kerriesaus overheen en deed er een handvol frietjes bij voordat ze alles overhandigde. Ik nam mijn eten en zocht een plekje aan een van de picknicktafels in de buurt. Toen begon ik te eten en genoot van elke hap van dat heerlijke **Duitse** straatvoedsel. De worst was sappig en smaakvol, terwijl de kerriesaus precies de juiste hoeveelheid pit toevoegde. En die knapperige frietjes waren perfect om in dat extra beetje saus te dippen! Ik liep door de straten van Berlijn en nam alle bezienswaardigheden en geluiden in me op. De stad was vol met mensen, en er waren zoveel dingen te zien.

Ik passeerde een paar **straatverkopers** die van alles verkochten, van pretzels tot **worstjes**, maar mijn maag was al vol van de lunch, dus liep ik door. Plotseling hing de geur van currywurst door de lucht, en ik begon te watertanden. Ik kon het niet laten **om** nog een laatste snack **te nemen** voordat ik terugging naar mijn hotelkamer.

Fragen zum Verständnis

1. Was sagt die Autorin über ihre ersten Erfahrungen mit deutschem Streetfood?

2. Was sagt der Autor über die Wurst?

3. Was sagt der Autor über die Currysauce?

4. Was sagt der Autor über die Pommes frites?

5. Was sagt der Autor über das deutsche Straßenessen im Allgemeinen?

6. Was sagt die Autorin über ihre Vorliebe für deutsches Straßenessen?

7. Was sagt der Autor über den Versuch, deutsches Straßenessen zu Hause zuzubereiten?

8. Was sagt die Autorin über das zweite Mal, als sie deutsches Straßenessen gegessen hat?

9. Was sagt der Autor über den Geruch von Currywurst?

Begrip vragen

1. Wat zegt de schrijfster over haar eerste ervaring met Duits straatvoedsel?

2. Wat zegt de schrijver over de worst?

3. Wat zegt de auteur over de kerriesaus?

4. Wat zegt de auteur over de frieten?

5. Wat zegt de auteur over Duits straatvoedsel in het algemeen?

6. Wat zegt de schrijfster over haar verlangen naar Duits straatvoedsel?

7. Wat zegt de auteur over het thuis proberen te maken van Duits straatvoedsel?

8. Wat zegt de schrijfster over de tweede keer dat ze Duits straatvoedsel at?

9. Wat zegt de auteur over de geur van currywurst?

Brandenburger Tor

Das Brandenburger Tor war einst ein Symbol für Hoffnung und Freiheit. Doch jetzt erinnert es an die dunklen Tage der Vergangenheit. Das Tor ist mit Graffiti **beschmiert**, und der Boden rundherum ist mit Müll übersät. Es ist Jahre her, dass jemand diesen Ort besucht hat. Aber heute **ist etwas** ist anders. Eine junge Frau nähert sich dem Tor und zögert einen Moment, bevor sie hindurch tritt. Sie schaut sich die **Trostlosigkeit** und Traurigkeit um, die sie umgibt, und kann sich eines Gefühls der Verzweiflung nicht erwehren. Doch dann sieht sie etwas, das ihren Blick fesselt: eine einzelne Blume, die aus den Rissen im Pflaster wächst. Sie bückt sich, um sie aufzuheben, denn sie spürt, dass sie jemand von der anderen Straßenseite aus beobachtet. Als sie aufblickt, sieht sie einen alten Mann, der sie **aufmerksam anschaut**. Er sagt nichts, aber er nickt leicht mit dem Kopf, als wolle er "Willkommen" sagen. Die Frau lächelt ihm zu, bevor sie sich abwendet und in Richtung Stadtzentrum **geht**. Sie weiß, dass es hier noch Menschen gibt, denen dieser Ort am Herzen liegt; Menschen, die ihn noch nicht aufgegeben haben.

Vielleicht werden andere eines Tages sehen, was sie sieht: dass es auch in der Dunkelheit Schönheit geben

Brandenburger Tor

De Brandenburger Tor was ooit een symbool van hoop en vrijheid. Maar nu is het een herinnering aan de donkere dagen van het verleden. De poort is **bedekt** met graffiti, en de grond eromheen ligt bezaaid met afval. Het is jaren geleden dat iemand deze plek heeft bezocht. Maar vandaag **is er iets** is anders. Een jonge vrouw nadert de poort en aarzelt even voor ze erdoor stapt. Ze kijkt om zich heen naar de **troosteloosheid** en het verdriet dat haar omringt en kan niet anders dan een gevoel van wanhoop ervaren. Maar dan ziet ze iets dat haar aandacht trekt: een enkele bloem die uit de barsten in het plaveisel groeit. Ze bukt zich om de bloem op te rapen, terwijl ze voelt dat iemand haar vanaf de overkant van de straat in de gaten houdt. Als ze opkijkt, ziet ze een oude man die haar **aandachtig aankijkt**. Hij zegt niets, maar hij knikt lichtjes met zijn hoofd, alsof hij wil zeggen: "welkom." De vrouw glimlacht naar hem voordat ze zich omdraait en naar het centrum van de stad loopt. Ze weet dat er hier nog mensen zijn die om deze plek geven; mensen die het nog niet hebben opgegeven.

Misschien zullen op een dag anderen zien wat zij ziet: dat er schoonheid kan zijn, zelfs in de duisternis; dat er hoop kan zijn, zelfs in de **droefheid**. De vrouw

kann; dass es auch in der **Traurigkeit** Hoffnung geben kann. Die Frau geht durch die Straßen der Stadt und nimmt die Sehenswürdigkeiten und Geräusche um sich herum in sich auf. Sie war noch nie an diesem Ort, aber sie fühlt sich mit ihm verbunden. Vielleicht liegt es daran, dass sie weiß, was es einmal war; vielleicht liegt es **daran, dass** sie sehen kann, was es wieder sein könnte. Als sie **sich dem** Stadtzentrum nähert, hört sie Musik aus einer der Seitenstraßen. Es ist eine wunderschöne Melodie, die sie mit Hoffnung erfüllt. Sie folgt dem Klang, bis sie zu einem kleinen Park kommt, in dem ein alter Mann auf seiner Geige für jeden, der zuhören will, spielt. Sie setzt sich auf eine Bank und schließt die Augen, um sich von der Musik berieseln zu lassen. Als er aufhört zu spielen, öffnet sie die Augen, und **um sie herum ertönt** Beifall. Der alte Mann verbeugt sich höflich, packt sein Instrument ein und geht.

Die **Frau** bleibt noch eine Weile im Park und genießt die Ruhe und den Frieden, bevor sie in ihr Hotelzimmer zurückkehrt. Als sie in dieser Nacht einschläft, träumt sie von einer Zeit, in der diese Stadt wieder lebendig ist, in der die Menschen wieder stolz sind, in der ihre Tore für alle offen sind, die nach Freiheit suchen. Die Frau steht wieder am Brandenburger Tor, aber dieses Mal ist sie nicht allein. Menschen aus der ganzen Welt sind gekommen, um dieses einst große **Symbol** der Hoffnung und der Freiheit zu sehen.

loopt door de straten van de stad en neemt de bezienswaardigheden en geluiden om zich heen in zich op. Ze is nog nooit op deze plek geweest, maar ze voelt zich ermee verbonden. Misschien is het omdat ze weet hoe het vroeger was; misschien **omdat** ze kan zien hoe het weer zou kunnen worden. Als ze het centrum van de stad **nadert**, hoort ze muziek uit een van de zijstraten **komen**. Het is een prachtige melodie die haar met hoop vervult. Ze volgt het geluid tot ze bij een klein parkje komt waar een oude man op zijn viool speelt voor iedereen die maar wil luisteren. Ze gaat op een bankje zitten en sluit haar ogen om de muziek over zich heen te laten komen. Als hij stopt met spelen, opent ze haar ogen en klinkt er applaus **om** haar **heen**. De oude man buigt beleefd, pakt zijn instrument en vertrekt.

De **vrouw** blijft nog een tijdje in het park, genietend van de rust en de stilte, voordat zij **terugkeert** naar haar hotelkamer. Als ze die nacht in slaap valt, droomt ze van een tijd waarin deze stad weer tot leven komt, waarin de mensen weer trots zijn, waarin de poorten openstaan voor allen die vrijheid zoeken. De vrouw staat weer bij de Brandenburger Tor, maar deze keer is ze niet alleen. Mensen van over de hele wereld zijn gekomen om dit eens zo grote **symbool** van hoop en vrijheid te zien.

Fragen zum Verständnis

1. Wo befindet sich das Brandenburger Tor?

2. Wie sieht das Brandenburger Tor heute aus?

3. Wann wurde das Brandenburger Tor gebaut?

4. Was ist das Brandenburger Tor, das als Symbol dient?

5. Was ist das Brandenburger Tor heute für ein Symbol?

6. Wie viele Tore gibt es am Brandenburger Tor?

7. Wie viele Menschen können durch das Brandenburger Tor gehen?

8. Was ist, wenn man durch das Brandenburger Tor geht?

9. Wie fühlt sich die Frau, als sie das Brandenburger Tor sieht?

Begrip vragen

1. Waar is de Brandenburger Tor?

2. Hoe ziet de Brandenburger Tor er vandaag uit?

3. Wanneer werd de Brandenburger Tor gebouwd?

4. Waarvoor dient de Brandenburger Tor als symbool?

5. Wat is de Brandenburger Tor vandaag de dag voor symbool?

6. Hoeveel poorten zijn er in de Brandenburger Tor?

7. Hoeveel mensen kunnen er door de Brandenburger Tor?

8. Wat is er als je door de Brandenburger Tor komt?

9. Hoe voelt de vrouw zich als ze de Brandenburger Tor ziet?

Biergarten in München

Die Sonne ging über der Stadt München unter, und der **Biergarten füllte sich** langsam mit Menschen. Die Luft war dick mit dem Geruch von Hopfen und Malz, und der Klang von Lachen und **Gesprächen** erfüllte die Luft. Überall im Garten waren Tische aufgestellt, und die Kellner waren damit beschäftigt, Bestellungen aufzunehmen und Getränke **zu servieren**. In einer Ecke spielte eine Band traditionelle **deutsche Musik**, und die Leute tanzten zu den flotten Klängen. Es war ein perfekter Abend, um mit Freunden ein kühles Bier im Freien zu genießen. Und genau das tat Hans Müller jeden Abend nach der Arbeit. Er setzte sich an seinen Lieblingstisch in der Nähe des Musikpavillons, trank ein paar Bier, hörte Musik, plauderte mit alten und neuen Freunden und sah zu, wie Paare um ihn herum im Takt der Musik tanzten. Der heutige Abend schien auf den ersten Blick wie jeder andere Abend zu sein. Doch als Hans sich umsah, **bemerkte er, dass** heute Abend etwas anders war: Es schienen mehr Familien als sonst da zu sein. Die Eltern saßen an den Tischen und unterhielten sich, während ihre **Kinder** herumliefen und Spiele spielten oder sich gegenseitig **von** Tisch zu Tisch jagten. Es dauerte nicht lange, bis Hans

Biertuin in München

De zon ging onder in München, en de **biertuin begon vol** te lopen met mensen. De lucht was gevuld met de geur van hop en mout, en het geluid van gelach en **gesprekken** vulde de lucht. Overal in de tuin stonden tafels opgesteld en obers namen bestellingen op en **serveerden** drankjes. In een hoek speelde een band traditionele **Duitse** muziek, en de mensen dansten mee op de levendige deuntjes. Het was een perfecte avond om met vrienden buiten van een koud biertje te genieten. En dat is precies wat Hans Muller elke avond na zijn werk deed. Hij zat aan zijn **favoriete** tafel bij de muziektent, dronk een paar biertjes, luisterde naar muziek, kletste met oude en nieuwe vrienden en keek toe hoe stelletjes om hem heen dansten op de maat van de muziek. Op het eerste gezicht leek deze avond op elke andere avond. Maar toen Hans om zich heen keek **viel hem** iets anders op aan het publiek van vanavond; er leken meer gezinnen te zijn dan gewoonlijk. Ouders zaten aan tafeltjes te kletsen terwijl hun **kinderen** rondrenden, spelletjes deden of elkaar achterna zaten **tussen** de tafeltjes. Het duurde niet lang voordat Hans

werd hij omringd door lachende kinderen die tikkertje

war er von lachenden Kindern umgeben, die um ihn herum Fangen spielten.

Er musste über ihre **Unschuld** schmunzeln, denn sie erinnerte ihn an seine eigene Kindheit in **München**. Hans Müller liebte seine Stadt, und er liebte den Biergarten. Es war ein Ort, an dem Menschen aus allen Gesellschaftsschichten zusammenkamen, um sich zu entspannen, Kontakte zu knüpfen und einfach den **Genuss** eines kalten Bieres an einem warmen Abend zu genießen. Er kam schon seit Jahren hierher, seit er alt genug war, um zu trinken. Und in all dieser Zeit hatte er es noch nie so **voll** mit Familien gesehen. Die Kinder, die **zwischen den** Tischen herumliefen, waren voller Energie, ihr Lachen erfüllte die Luft. Sie schienen so viel Spaß zu haben, dass es Hans glücklich machte, ihnen zuzusehen, und er **erinnerte sich daran, wie es** war, so jung und sorglos zu sein. Plötzlich rannte eines der Kinder in ihn hinein und stieß **versehentlich** sein Bierglas um.

Hans schimpfte leicht mit dem Kind, konnte sich aber ein Lachen nicht verkneifen; es weckte **Erinnerungen** an die Zeit, in der er **selbst** solche Dinge getan hatte. Nach einer Weile verspürte Hans wieder Durst, also ging er zur Bar, um sich **ein weiteres** Bier zu holen. Während er auf sein Getränk wartete, bemerkte er eine Gruppe von Kindern, die sich um einen der Tische versammelt hatte. Sie zeigten auf etwas und lachten.

om hem heen speelden.

Hij kon niet anders dan glimlachen om hun **onschuld**; het deed hem denken aan zijn eigen jeugd, opgroeiend in **München**. Hans Muller hield van zijn stad, en hij hield van de biertuin. Het was een plek waar mensen uit alle lagen van de bevolking kwamen om te ontspannen, te socialiseren en te genieten van een koud biertje op een warme avond. Hij kwam hier al jaren, sinds hij oud genoeg was om te drinken. En in al die tijd had hij het nog nooit zo **druk** gezien met gezinnen. De kinderen die **tussen** de tafels rondrenden waren vol energie, hun gelach vulde de lucht. Ze leken zoveel plezier te hebben, het maakte Hans blij naar ze te kijken. Hij **herinnerde zich hoe** het was om zo jong en zorgeloos te zijn. Plotseling liep een van de kinderen tegen hem op en stootte **per ongeluk** zijn bierglas om.

Hans gaf het kind een lichte uitbrander, maar kon het niet helpen ook te lachen; het bracht **herinneringen** terug aan de tijd dat hij dat soort dingen **zelf** deed. Na een tijdje begon Hans weer dorst te krijgen, dus ging hij naar de bar om **nog een** biertje te halen. Terwijl hij op zijn drankje wachtte, zag hij een groepje kinderen rond een van de tafels zitten. Ze wezen naar iets en lachten.

Fragen zum Verständnis

1. Was sagt der Autor über den Geruch in der Luft?

2. Was macht Hans Müller jede Nacht?

3. Was fällt Hans Müller auf, was an der Menge heute Abend anders ist?

4. Woran erinnern die Kinder Hans Müller?

5. Was denkt Hans Müller über die herumlaufenden Kinder?

6. Was macht Hans Muller am liebsten im Biergarten?

7. Was denkt Hans Müller über die Familien im Biergarten?

Begrip vragen

1. Wat zegt de auteur over de geur in de lucht?

2. Wat doet Hans Muller elke avond?

3. Wat valt Hans Muller op dat anders is aan het publiek vanavond?

4. Waaraan doen de kinderen Hans Muller denken?

5. Wat vindt Hans Muller van de rondrennende kinderen?

6. Wat is Hans Mullers favoriete bezigheid in de biertuin?

7. Wat vindt Hans Muller van de gezinnen in de biertuin?

Weihnachtsmarkt

Es war ein kalter Wintertag, und der Weihnachtsmarkt war in vollem Gange. Die **Stände** waren festlich geschmückt, und in der Luft lag der Duft von Glühwein und gerösteten Kastanien. Ich **schlenderte** umher und nahm all die Sehenswürdigkeiten und Geräusche des **Marktes in mich auf**, als ich plötzlich etwas entdeckte, das mein Herz zum Stillstand brachte. Vor mir stand ein Stand, an dem handgefertigtes Holzspielzeug verkauft wurde. Und zwischen all den anderen Spielsachen stach mir eines sofort ins Auge - eine **wunderschöne** kleine Nussknackerpuppe. Ich wusste **sofort,** dass ich sie haben musste. Ich sprach die Verkäuferin an und fragte, wie viel sie kostete. Sie sagte mir, dass sie fünfzig **Dollar** kostete **- mehr** als ich jemals zuvor für ein Spielzeug bezahlt hatte! Aber ich zögerte nicht, übergab das Geld und nahm meinen neuen Schatz in Besitz.

Sobald ich zu Hause war, konnte ich es kaum erwarten, mehr über meine neue Nussknackerpuppe herauszufinden. Soweit ich es von ihrem schlichten Aussehen her beurteilen konnte, schien sie ziemlich alt zu sein... aber wer wusste das schon so genau? Nachdem ich im Internet **recherchiert hatte**, fand ich heraus, dass diese Art von Puppen in Deutschland in

Kerstmarkt

Het was een koude winterdag, en de kerstmarkt was in volle gang. De **kraampjes** waren versierd met feestelijke versieringen en de lucht hing vol met de geur van glühwein en geroosterde kastanjes. Ik **dwaalde** rond en nam alle bezienswaardigheden en geluiden van de **markt in me op**, toen ik plotseling iets zag dat mijn hart deed stilstaan. Daar voor mij stond een kraam die handgemaakt houten speelgoed verkocht. En tussen al het andere speelgoed was er een die onmiddellijk mijn aandacht trok - een **prachtig** klein notenkrakerpoppetje. Ik wist **meteen** dat ik die moest hebben. Ik stapte op de verkoopster af en vroeg hoeveel het kostte. Ze zei me dat het vijftig **dollar** was - **meer** dan ik ooit voor een stuk speelgoed had betaald! Maar ik aarzelde niet, ik gaf het geld en nam bezit van mijn nieuwe schat.

Zodra ik thuiskwam, kon ik niet wachten om meer te weten te komen over mijn nieuwe notenkrakerpop. Voor zover ik kon zien aan haar eenvoudige uiterlijk, leek ze vrij oud te zijn... maar wie wist dat zeker? Na wat **onderzoek** op internet ontdekte ik dat dit soort poppen in de jaren 1800 erg populair waren in Duitsland - wat betekende dat mijn kleine **notenkraker** meer dan 200 jaar oud kon zijn! Alleen al door daaraan te denken, voelde ik me nog meer aan hem gehecht.

den 1800er Jahren sehr beliebt war - was bedeutete, dass mein kleiner **Nussknacker** weit über 200 Jahre alt sein könnte! Wenn ich nur daran denke, fühle ich mich noch mehr mit ihm verbunden.

Da ich nun etwas mehr über mein neues Spielzeug wusste, war es an der Zeit, ihm (oder ihr) einen Namen zu geben. Nach reiflicher **Überlegung** entschied ich mich für "Klaus" - nach der **berühmten** deutschen Volksfigur, die Kindern zur Weihnachtszeit Geschenke bringt. Das schien perfekt zu passen. Klaus wurde schnell zu einem geschätzten Mitglied unserer Familie. Von da an nahm er jedes Jahr in der Weihnachtszeit einen stolzen Platz auf unserem Kaminsims ein. Und jedes Jahr verbrachte ich einige Zeit damit, mit ihm zu plaudern und ihm alles zu erzählen, was in meinem Leben passiert war, seit wir das letzte Mal miteinander gesprochen hatten. Es mag albern klingen, aber ich hatte das Gefühl, dass er mir wirklich zuhörte und alles verstand, was ich sagte!

Im Laufe der Jahre, als jedes **Weihnachten** kam und ging, wurde **Klaus** mehr als nur eine Puppe für mich... er wurde mein Freund. Dann, ein Jahr später, änderte sich alles. Ich wachte am Weihnachtsmorgen auf und stellte fest, dass Klaus nicht mehr auf dem Kaminsims stand. Zuerst dachte ich, er müsse **über Nacht** heruntergefallen und zerbrochen sein... aber **nirgends war eine** Spur von ihm zu sehen.

Nu ik wat meer over mijn nieuwe speeltje wist, was het tijd om hem (of haar) een naam te geven. Na veel wikken **en wegen** koos ik voor "Klaus" - naar de **beroemde** Duitse volksfiguur die kinderen cadeautjes brengt met Kerstmis. Het leek perfect te passen. Klaus werd al snel een geliefd lid van ons gezin. Vanaf dat moment nam hij elk jaar een ereplaats in op onze schoorsteenmantel tijdens de feestdagen. En elk jaar bracht ik wat tijd met hem door om te praten en hem te vertellen wat er sinds ons laatste gesprek allemaal in mijn leven was gebeurd. Het klinkt misschien gek, maar het voelde alsof hij echt luisterde en alles begreep wat ik zei!

In de loop der jaren, elke **Kerstmis** kwam en ging, werd **Klaus** meer dan gewoon een pop voor mij... hij werd mijn vriend. Dan, een jaar later, veranderde alles. Ik werd wakker op Kerstochtend en ontdekte dat Klaus verdwenen was van de schoorsteenmantel. Eerst dacht ik dat hij gevallen moest zijn en 's nachts gebroken... maar er was **nergens een spoor** van hem. Het was alsof hij in het niets was verdwenen.

Fragen zum Verständnis

1. Was war die erste Reaktion des Protagonisten, als er die Nussknackerpuppe sah?

2. Wie viel hat der Protagonist für die Nussknackerpuppe bezahlt?

3. Wie hat der Protagonist die Nussknackerpuppe genannt?

4. Wo ist die Nussknackerpuppe hingegangen, als der Protagonist am Weihnachtsmorgen aufgewacht ist?

5. Warum glaubt der Protagonist, dass die Nussknackerpuppe verschwunden ist?

6. Was macht der Protagonist, wenn er jetzt den Weihnachtsmarkt besucht?

7. Welche Nachforschungen hat der Protagonist über die Herkunft der Nussknackerpuppe angestellt?

8. Welche Gefühle hat der Protagonist gegenüber der Nussknackerpuppe?

Begrip vragen

1. Wat was de eerste reactie van de hoofdpersoon bij het zien van de notenkrakerpop?

2. Hoeveel heeft de hoofdpersoon betaald voor de notenkraker pop?

3. Hoe noemde de hoofdpersoon de notenkrakerpop?

4. Waar ging de notenkrakerpop heen toen de hoofdpersoon op kerstochtend wakker werd?

5. Waarom denkt de hoofdpersoon dat de notenkrakerpop verdwenen is?

6. Wat doet de hoofdpersoon als ze nu de kerstmarkt bezoeken?

7. Wat was het onderzoek van de hoofdpersoon naar de oorsprong van de notenkrakerpop?

8. Welk gevoel heeft de hoofdpersoon bij de notenkrakerpop?

Hamburger Hafen

Der Hamburger Hafen ist ein geschäftiger Ort. **Schiffe** aus der ganzen Welt kommen und gehen, und es gibt immer etwas zu sehen. Ich wollte schon immer einmal dorthin und bekam endlich die Gelegenheit, als meine Freundin mich **einlud**, sie auf einem Ausflug zu begleiten. Wir kamen früh am Morgen an, gerade als die Sonne ging auf. Die Luft war kalt, aber frisch, und der Geruch von Salzwasser war belebend. Wir gingen hinunter zu den Docks, **wo** wir die Schiffe sehen konnten, die in den Hafen ein- und ausliefen. Es gab so viele von ihnen! Und sie waren alle so unterschiedlich - manche klein und schnittig, andere groß und **träge**. Es war erstaunlich, wie präzise sie in ihre Liegeplätze hinein- und herausmanövrierten. Dabei sahen wir ein Schiff einlaufen, das den **bunten** Flaggen an den Masten nach zu urteilen aus Afrika oder vielleicht sogar aus Indien stammen könnte.

Meine Freundin erzählte mir, dass diese Art von Schiff als **Frachter** bezeichnet wird, weil es keine Passagiere, sondern Fracht befördert, wie die meisten anderen Schiffe heutzutage. Sie sagte, dass man manchmal Leute an Deck **arbeiten** sieht, während das Schiff durch den Hafen fährt - könnt ihr euch das vorstellen? Aber heute war niemand **an Bord** zu sehen, außer oben im

Hamburgse haven

De haven van Hamburg is een bruisende plek.
Schepen van over de hele wereld komen en gaan,
en er is altijd wel iets te zien. Ik wilde er altijd al eens
heen en kreeg eindelijk de kans toen mijn vriendin me
uitnodigde haar te vergezellen op een tochtje. We
kwamen vroeg in de ochtend aan, net toen
kwam de zon op. De lucht was koud maar fris, en
de geur van zout water was verkwikkend. We liepen
naar de dokken, **waar** we de schepen in en uit de
haven konden zien komen. Het waren er zo veel! En
ze waren allemaal zo verschillend - sommige klein
en gestroomlijnd, andere groot en **traag**. Het was
verbazingwekkend om te zien hoe ze met zo'n precisie
in en uit hun ligplaatsen **manoeuvreerden**. Terwijl we
toekeken, zagen we een schip binnenvaren dat wel
eens uit Afrika of misschien zelfs India zou kunnen
komen, te oordelen naar de **kleurrijke** vlaggen die uit
zijn masttop wapperden.

Mijn vriendin vertelde me dat dit soort schip een
vrachtschip wordt genoemd omdat het vracht vervoert
in plaats van passagiers, zoals de meeste andere
schepen tegenwoordig doen. Ze zei dat je soms
mensen op het dek aan het **werk** kunt zien terwijl het
schip door de haven vaart - kun je je dat voorstellen?

Krähennest, wo jemand hoch über allem, was unter ihm an Deck passiert, Ausschau hielt. Nachdem wir das Treiben **im Hafen** eine Weile beobachtet hatten, beschlossen wir, ein wenig herumzulaufen und die Stadt zu erkunden. Hamburg ist eine große Stadt, und es gab so viel zu sehen. Wir spazierten durch schmale Straßen mit Geschäften und Cafés, vorbei an Kirchen und Regierungsgebäuden, bis wir schließlich am berühmten Fischmarkt ankamen. Der Markt war bereits in vollem Gange, obwohl es noch früh **am Morgen war**. Die Verkäufer riefen ihre Waren in einer Mischung aus **Deutsch** und Englisch an und versuchten, Kunden an ihre Stände zu locken. Die Luft war dick mit dem Geruch von Meeresfrüchten - einige frisch und köstlich duftend, andere nicht so sehr.

Aber das alles trug zu der **festlichen** Atmosphäre des Ortes bei. Wir schlenderten eine Weile herum und nahmen alle Sehenswürdigkeiten und Geräusche (und Gerüche!) des Marktes in uns auf, bevor wir uns schließlich entschlossen, bei einem der Verkäufer, die **gegrillte** Garnelenspieße anboten, etwas **zu essen**. Nach dem Mittagessen gingen wir zurück zum Hafengebiet und beschlossen, eine Fahrt mit einem der Ausflugsboote zu machen, die Touren durch den Hafen anbieten. Das war eine tolle Möglichkeit, alles aus der Nähe zu sehen und mehr über die Geschichte **Hamburgs** und seines Hafens zu erfahren.

- maar vandaag was er niemand **aan boord** te zien, behalve boven in het kraaiennest, waar iemand op de uitkijk stond, hoog boven alles wat er beneden hem op het dek gebeurde. Nadat we een tijdje naar de havenactiviteiten hadden gekeken, besloten we wat rond te lopen en te verkennen. Hamburg is een grote stad, en er was zoveel te zien. We liepen door smalle straatjes met winkels en cafés, langs kerken en overheidsgebouwen, tot we uiteindelijk bij de beroemde vismarkt aankwamen. De markt was al in volle gang, ook al was het nog vroeg **in de ochtend**. Verkopers schreeuwden hun waren in een mengeling van **Duits** en Engels, in een poging om klanten naar hun kraampjes te lokken. De lucht hing vol met de geur van zeevruchten - sommige vers en heerlijk ruikend, andere niet zo veel.

Maar het droeg allemaal bij aan de **feestelijke** sfeer van de plaats. We dwaalden een tijdje rond en namen alle bezienswaardigheden en geluiden (en geuren!) van de markt in ons op voordat we uiteindelijk besloten om wat **lunch** te kopen bij een van de verkopers die **gegrilde** garnalenspiesjes verkochten. Na de lunch liepen we terug naar het havengebied en besloten een tochtje te maken op een van de rondvaartboten die rondvaarten door de haven geven. Het was een geweldige manier om alles van dichtbij te zien en meer te leren over de geschiedenis van **Hamburg** en de haven.

Fragen zum Verständnis

1. Wie heißt die Stadt, die der Autor besucht hat?

2. Was hielt der Autor von den Menschen in Köln?

3. Wie heißt die berühmte Kathedrale in Köln?

4. Was hält der Autor von der Kathedrale?

5. Was hat der Autor in der Kathedrale gemacht?

6. Wie fand der Autor die Aussicht vom Turm der Kathedrale?

7. Was hat der Autor zu Abend gegessen?

8. Wo befand sich das Restaurant?

9. Wie fand der Autor das Essen?

10. Welchen Gesamteindruck hat der Autor von Köln?

Begrip vragen

1. Wat is de naam van de stad die de schrijver bezocht?

2. Wat vond de schrijver van de mensen in Keulen?

3. Wat is de naam van de beroemde kathedraal in Keulen?

4. Wat vond de schrijver van de kathedraal?

5. Wat deed de schrijver in de kathedraal?

6. Wat vond de auteur van het uitzicht vanaf de top van de toren van de kathedraal?

7. Wat had de schrijver te eten?

8. Waar was het restaurant gevestigd?

9. Wat vond de auteur van het eten?

10. Wat was de algemene indruk van de auteur van Keulen?

Der Schwarzwald

Als ich den Schwarzwald betrete, werde ich sofort von der Dunkelheit eingehüllt. Die **Bäume** stehen so dicht **beieinander**, dass sie das meiste Licht ausblenden, und das einzige Geräusch ist das Knirschen der Blätter unter meinen Füßen. Ich spüre eine **Vorahnung**, als ich immer tiefer in den **Wald eindringe**, und bald kann ich den Weg hinter mir nicht mehr sehen. Ich gehe weiter, obwohl ich nicht sicher bin, wohin ich gehe oder was ich finden werde. Plötzlich bewegt sich etwas vor mir, und ich zucke erschrocken zurück. Es ist nur ein Reh, aber es erschreckt mich trotzdem. Während es davonhüpft, denke ich darüber nach, wie leicht man sich hier verlaufen kann. Ich wandere weiter durch den Schwarzwald und behalte
halten Sie Ausschau nach Anzeichen von **Zivilisation**.

Die Sonne geht langsam unter, und ich weiß, dass ich bald einen Unterschlupf finden muss. Ich höre ein Rascheln im **Gebüsch** und werde nervös, aber es ist nur ein weiteres Reh. Ich entspanne mich etwas, **gehe** aber weiter. Es wird jetzt dunkel, und ich habe immer noch keine Spur gefunden, die einer Fährte ähnelt. Plötzlich sehe ich in der Ferne ein Licht und **laufe darauf zu**. Als ich näher komme, sehe ich, dass es aus einer Hütte kommt. Erleichterung macht sich in

Het Zwarte Woud

Als ik het Zwarte Woud binnenstap, word ik onmiddellijk in duisternis gehuld. De **bomen** staan zo dicht **op elkaar** dat ze het meeste licht tegenhouden, en het enige geluid is het kraken van de bladeren onder mijn voeten. Ik heb een **onheilspellend gevoel** als ik dieper het **bos in loop**, en al gauw zie ik het pad achter me niet meer. Ik loop door, hoewel ik niet zeker weet waar ik heen ga of wat ik zal vinden. Plotseling beweegt er iets voor me, en ik schrik op. Het is maar een hert, maar ik schrik er toch van. Terwijl het wegloopt, bedenk ik hoe gemakkelijk het zou zijn om hier te verdwalen. Ik loop verder door het Zwarte Woud, en hou goed uitkijkend naar enig teken van **beschaving**.

De zon begint onder te gaan, en ik weet dat ik snel een schuilplaats moet vinden. Ik hoor geritsel in de **struiken** en schrik op, maar het is gewoon een hert. Ik ontspan me een beetje, maar blijf **in beweging**. Het wordt nu donker, en ik heb nog steeds niets gevonden dat op een spoor lijkt. Plotseling zie ik een licht in de verte en begin er naar toe **te lopen**. Als ik dichterbij kom, zie ik dat het uit een hut komt. Opluchting overspoelt me als ik naar de hut loop en op de deur klop. Na enkele **ogenblikken** doet een oude vrouw de deur open. Ze lijkt **verbaasd me** te zien, maar ze nodigt me uit binnen te komen

mir breit, als ich zur Hütte gehe und an die Tür klopfe. Nach ein paar **Augenblicken öffnet** eine alte Frau die Tür. Sie sieht **überrascht** aus, mich zu sehen, aber sie bittet mich herein und bietet mir an, einen Tee zu kochen. Ich nehme ihr Angebot dankend an und setze mich ans Feuer. Die alte Frau beginnt, mir von dem **Wald zu erzählen**. Sie sagt, es sei ein magischer Ort, voller Geheimnisse und Wunder. Sie erzählt mir, dass sie einmal ein Einhorn im Wald gesehen hat, und ich kann nicht anders, als ihr zu glauben. Während wir so dasitzen und reden, fühle ich, wie meine Sorgen dahinschmelzen.

Ich war gerade dabei, mich zu entspannen, als ich plötzlich **draußen** ein Geräusch hörte. Es hört sich an, als würde etwas **auf die** Hütte zukommen. Ich schnappe mir schnell mein Messer und verstecke mich hinter der Tür. Als ich durch den Spalt spähe, sehe ich einen großen schwarzen Bären auf seinen Hinterbeinen laufen. Er schnüffelt herum und scheint mich noch nicht gesehen zu haben. Ich bin mir nicht sicher, was ich tun soll. Ich warte, was **mir** wie eine Ewigkeit vorkommt, aber schließlich geht der Bär weg. Ich stoße einen Seufzer der Erleichterung aus und lege mein Messer weg. Einfach Als ich gerade wieder ins Bett gehen will, höre ich draußen **etwas** anderes. Diesmal hört es sich so an, als würden sich Leute unterhalten. Ich nehme wieder mein **Messer** und schleiche zum Fenster, um zu sehen, wer es ist.

en biedt aan thee te maken. Ik neem haar aanbod dankbaar aan en ga bij het vuur zitten. De oude vrouw begint me te vertellen over het **bos**. Ze zegt dat het een magische plaats is, vol geheimen en wonderen. Ze vertelt me over de keer dat ze een eenhoorn in het bos zag, en ik kan niet anders dan haar geloven. Terwijl we daar zitten te praten, voel ik mijn zorgen wegsmelten.

Ik begon eindelijk te ontspannen toen ik plotseling **buiten** een geluid hoorde. Het klinkt alsof er iets **op** de hut afkomt. Ik pak snel mijn mes en verstop me achter de deur. Als ik door de kier gluur, zie ik een grote zwarte beer op zijn achterpoten lopen. Hij snuffelt rond en lijkt mij nog niet gezien te hebben. Ik weet niet zeker wat ik moet doen. Ik wacht wat wel een eeuwigheid **lijkt**, maar uiteindelijk loopt de beer weg. Ik slaak een zucht van verlichting en stop mijn mes weg. Alleen Terwijl ik op het punt sta terug naar bed te gaan, hoor ik buiten **iets** anders. Deze keer klinkt het alsof er gepraat wordt. Ik pak mijn **mes** weer en kruip naar het raam om te zien wie het is.

Fragen zum Verständnis

1. Wie heißt die Stadt, die der Autor besucht hat?

2. Was hält der Autor von den Menschen in Köln?

3. Wie heißt die berühmte Kathedrale in Köln?

4. Was hält der Autor von der Kathedrale?

5. Was hat der Autor in der Kathedrale gemacht?

6. Was hält der Autor von der Aussicht von der Spitze der Kathedrale?

7. Was hat der Autor zu Abend gegessen?

8. Wo war das Restaurant?

9. Wie hat der Autor das Essen empfunden?

10. Welchen Gesamteindruck hat die Autorin von Köln gewonnen?

Begrip vragen

1. Wat is de naam van de stad die de schrijver bezocht?

2. Wat vond de schrijver van de mensen in Keulen?

3. Wat is de naam van de beroemde kathedraal in Keulen?

4. Wat vond de schrijver van de kathedraal?

5. Wat deed de schrijver in de kathedraal?

6. Wat vond de schrijver van het uitzicht vanaf de top van de kathedraal?

7. Wat had de schrijver te eten?

8. Waar was het restaurant?

9. Wat vond de schrijver van de maaltijd?

10. Wat was de algemene indruk van de auteur van eau de cologne?

Kölner Dom

Ich wollte schon immer einmal Köln besuchen. Ich hatte schon so viel über die Stadt und ihren berühmten Dom gehört. Als ich eingeladen wurde, an einer Konferenz teilzunehmen, bekam ich endlich die Gelegenheit dazu. Ich kam an einem sonnigen Tag im Juni in Köln an. Das erste, was mir auffiel, war, wie sauber und gut gepflegt die Stadt war. **Überall, wo** ich hinsah, gab es Blumen und Bäume. Und die Menschen! Sie waren so freundlich und hilfsbereit, immer bereit, stehen zu bleiben und zu plaudern oder mir den Weg zu zeigen. Ich hatte gehört, dass die **Kathedrale** wirklich eine beeindruckende Sehenswürdigkeit ist. Seine gewaltige Größe ist **atemberaubend**, und im Inneren ist es so friedlich, trotz der Tausenden von Menschen, die ihn jeden Tag besuchen. Ich beschloss, den Kölner Dom zu besuchen, während ich in Köln war. Ich nahm den Bus von meinem Hotel aus und erreichte das **prächtige** Bauwerk innerhalb einer Stunde.

Nachdem ich eine Weile die Fassade bewundert hatte, ging ich hinein und war **von** der Größe des Gebäudes **überwältigt**. Es war ein unwirkliches Gefühl, an einem so historischen Ort zu stehen. Ich spazierte durch die Kathedrale, bewunderte ihre schöne Architektur und erfuhr etwas über ihre Geschichte. Ich besuchte

Dom van Keulen

Ik heb Keulen altijd al eens willen bezoeken. Ik had zoveel gehoord over de stad en haar beroemde kathedraal. Eindelijk kreeg ik de kans toen ik werd uitgenodigd om er een conferentie bij te wonen. Ik kwam in Keulen aan op een zonnige dag in juni. Het eerste wat me **opviel** was hoe schoon en goed onderhouden de stad was. **Overal** waar ik keek, stonden bloemen en bomen. En de mensen! Ze waren zo vriendelijk en behulpzaam, altijd bereid om te stoppen en een praatje te maken of de weg te wijzen. Ik had gehoord dat de **kathedraal** echt een prachtig gezicht is. De enorme omvang is **adembenemend**, en het is er zo vredig binnen, ondanks de duizenden mensen die er elke dag komen. Ik besloot de Dom van Keulen te bezoeken toen ik in Keulen was. Ik nam de bus vanaf mijn hotel en was binnen een uur bij het **prachtige** bouwwerk.

Nadat ik de voorgevel een tijdje had bewonderd, ging ik naar binnen en stond **versteld** van de omvang. Het voelde onwerkelijk om op zo'n historische plaats te staan. Ik liep rond in de kathedraal, bewonderde de prachtige architectuur en leerde over de geschiedenis. Ik bezocht ook de schatkamer, die vele onbetaalbare kunstvoorwerpen herbergt. Ik was **meteen onder de**

auch die Schatzkammer, in der viele unbezahlbare Artefakte aufbewahrt werden. Ich war **sofort** von der hoch aufragenden gotischen **Architektur** beeindruckt. Nachdem ich einige Minuten lang die Außenfassade bewundert hatte, machte ich mich auf den Weg ins Innere. Das Innere der Kathedrale war sogar noch atemberaubender als die Außenansicht. Der höhlenartige Raum wurde vom **Sonnenlicht** erhellt, das durch die Buntglasfenster hereinfiel. Ich verbrachte einige Zeit damit, herumzulaufen und alle Details dieses unglaublichen Gebäudes in mich aufzunehmen, bevor ich mich auf die Spitze eines der Türme begab. Von dort oben hatte ich einen atemberaubenden Blick auf Köln und die Umgebung. Nachdem ich die Aussicht eine Weile genossen hatte, stieg ich wieder auf den Boden hinunter und erkundete den Rest dieses erstaunlichen Ortes, eines der bekanntesten und schönsten **Gebäude** in Deutschland, das ich endlich aus der Nähe sehen konnte.

Ich wurde nicht **enttäuscht**. Ich verbrachte Stunden damit, im Inneren herumzulaufen und die Handwerkskunst zu **bewundern**. Ich kletterte auch auf die Spitze eines der Türme, um einen unglaublichen Blick auf die Stadt unter uns. Als ich die Kathedrale verließ, war ich von dem, was ich gesehen hatte, einfach **überwältigt**. Es war ein unvergessliches Erlebnis, und ich bin so froh, dass ich diesen erstaunlichen Ort sehen konnte!

indruk van de hoog oprijzende gotische **architectuur**. Nadat ik de buitenkant een paar minuten had bewonderd, ging ik naar binnen. Het interieur van de kathedraal was nog adembenemender dan de buitenkant. De spelonkachtige ruimte werd verlicht door **het zonlicht** dat door de glas-in-lood ramen naar binnen stroomde. Ik **liep** wat rond en nam alle details van dit ongelooflijke gebouw in me op, voordat ik naar de top van een van de torens ging. Van bovenaf had ik een prachtig uitzicht over Keulen en verder. Na een tijdje van het uitzicht te hebben genoten, daalde ik weer af naar de begane grond en verkende de rest van deze verbazingwekkende plek. Het is een van de meest iconische en mooiste **gebouwen** in Duitsland, en ik had eindelijk de kans om het van dichtbij te zien.

Ik was niet **teleurgesteld**. Ik heb uren binnen rondgelopen en het vakmanschap bewonderd. Ik ben ook naar de top van een van de torens geklommen voor een prachtig uitzicht over de stad beneden. Toen ik de kathedraal verliet, kon ik niet anders dan me **overweldigd** voelen door wat ik had gezien. Het was een onvergetelijke ervaring, en ik ben zo blij dat ik deze geweldige plek heb mogen zien!

Fragen zum Verständnis

1. Wie heißt die Stadt, die der Autor besucht hat?

2. Was hielt der Autor von den Menschen in Köln?

3. Wie heißt die berühmte Kathedrale in Köln?

4. Was hält der Autor von der Kathedrale?

5. Was hat der Autor in der Kathedrale gemacht?

6. Wie fand der Autor die Aussicht vom Turm der Kathedrale?

7. Was hat der Autor zu Abend gegessen?

8. Wo befand sich das Restaurant?

9. Wie fand der Autor das Essen?

10. Welchen Gesamteindruck hat der Autor von Köln?

Begrip vragen

1. Wat is de naam van de stad die de schrijver bezocht?

2. Wat vond de schrijver van de mensen in Keulen?

3. Wat is de naam van de beroemde kathedraal in Keulen?

4. Wat vond de schrijver van de kathedraal?

5. Wat deed de schrijver in de kathedraal?

6. Wat vond de auteur van het uitzicht vanaf de top van de toren van de kathedraal?

7. Wat had de schrijver te eten?

8. Waar was het restaurant gevestigd?

9. Wat vond de schrijver van het eten?

10. Wat was de algemene indruk van de auteur van Keulen?

Besuch in Berlin

Ich wollte schon immer mal nach Berlin. Ich hatte schon so viel über die Stadt gehört - die Geschichte, die Kultur, das Essen. Als sich mir dann endlich die Gelegenheit bot, die Stadt zu besuchen, ergriff ich die Gelegenheit. Ich kam an einem kalten, grauen **Januartag** in Berlin an. Aber selbst das Wetter konnte meine Laune nicht trüben. Ich war begeistert, hier zu sein. Ich begann meine Erkundungstour durch die Stadt mit der **Besichtigung** einiger ihrer berühmtesten **Wahrzeichen**. Das Brandenburger Tor, der Reichstag, Checkpoint Charlie - all diese Orte hatte ich bisher nur auf Fotos oder im Fernsehen gesehen. Und jetzt war ich tatsächlich hier und stand vor ihnen. Ich verbrachte ein paar Tage damit, durch die Straßen Berlins zu schlendern und die **Sehenswürdigkeiten** und Geräusche dieser erstaunlichen Stadt in mich aufzunehmen. Ich aß Currywurst und trank Bier in Biergärten.

Ich habe Museen und **Kunstgalerien** besucht. Ich habe sogar eine Bootsfahrt auf der Spree gemacht. Ich habe mir auch einige weniger bekannte Orte angesehen, wie den **Mauerpark** und die East Side **Gallery**. Ich war wirklich beeindruckt, wie viel Geschichte es in Berlin gibt. Jede Ecke schien eine Geschichte zu erzählen zu

Op bezoek in Berlijn

Ik heb altijd al Berlijn willen bezoeken. Ik had zoveel over de stad gehoord - de geschiedenis, de cultuur, het eten. En dus, toen ik eindelijk de kans kreeg om de stad te bezoeken, greep ik die kans met beide handen aan. Ik kwam in Berlijn aan op een koude, grijze dag in **januari**. Maar zelfs het weer kon mijn stemming niet bederven. Ik was opgewonden om hier te zijn. Ik begon mijn verkenning van de stad met een **bezoek aan** enkele van de beroemdste **bezienswaardigheden**. De Brandenburger Tor, de Reichstag, Checkpoint Charlie - dit waren allemaal plaatsen die ik alleen ooit op foto's of op tv had gezien. En nu stond ik er echt, voor de deur. Ik heb een paar dagen door de straten van Berlijn gezworven en de **bezienswaardigheden** en geluiden van deze geweldige stad in me opgenomen. Ik at currywurst en dronk bier in biertuinen.

Ik bezocht musea en **kunstgalerijen**. Ik heb zelfs een boottocht op de rivier de Spree gemaakt. Ik heb ook een aantal minder bekende plekken bezocht, zoals het **Mauerpark** en de East Side **Gallery**. Ik was echt onder de indruk van hoeveel geschiedenis er in Berlijn te vinden is. Elke hoek lijkt een verhaal te vertellen te hebben. Ik vond het geweldig om te leren over het verleden van de stad en alle **verschillende** culturen

haben. Ich fand es toll, etwas über die Vergangenheit der Stadt und all die **verschiedenen** Kulturen zu erfahren, die sie beeinflusst haben. Ich habe auch das Essen und das Nachtleben in Berlin genossen. Es gibt so viele tolle Restaurants und Bars, aus denen man wählen kann. Ich betrat die Bar und fühlte mich sofort fehl am Platz. Es war zu hell, zu laut, und alle schienen viel zu viel Spaß zu haben. Ich bestellte ein **Bier** und setzte mich allein an einen Tisch. Ich beobachtete die Leute eine Weile und fragte mich, was ihre Geschichten waren. Waren sie Einheimische oder Touristen? Was machten sie in Berlin? Während ich an meinem Bier nippte, begann ich mich zu entspannen und die Atmosphäre zu genießen. Das war der Grund, warum ich Berlin liebte - es war immer so lebendig und es gab immer **etwas** Neues zu entdecken. Die **Musik** begann in meinem Körper zu pulsieren, und ich konnte nicht anders, als mit dem Fuß mitzuwippen. Es dauerte nicht lange, und ich erhob mich von meinem Platz und tanzte allein in der Mitte des Lokals. Niemand kümmerte sich darum, dass ich niemanden kannte - sie waren alle zu sehr damit beschäftigt, sich zu amüsieren. Ich verließ die Bar lächelnd und war glücklich, eine andere Seite Berlins kennengelernt zu haben, von der ich gar nicht wusste, dass sie existiert.

die haar hebben beïnvloed. Ik heb ook genoten van het eten en het nachtleven in Berlijn. Er zijn zoveel geweldige restaurants en bars om uit te kiezen. Ik liep de bar binnen en voelde me meteen een beetje misplaatst. Het was te licht, te luid, en iedereen leek veel te veel plezier te **hebben**. Ik bestelde een **biertje** en ging alleen aan een tafeltje zitten. Ik keek een tijdje naar de mensen en vroeg me af wat hun verhalen waren. Waren het plaatselijke bewoners of toeristen? Wat deden ze in Berlijn? Terwijl ik van mijn biertje nipte, begon ik te ontspannen en van de sfeer te genieten. Dit was waarom ik van Berlijn hield - het was altijd zo levendig en er was altijd wel **iets** nieuws te ontdekken. De **muziek** begon door mijn lichaam te gieren, en ik kon het niet laten om met mijn voet mee te tikken. Het duurde niet lang of ik stond op uit mijn stoel, in mijn eentje dansend in het midden van de bar. Het kon niemand schelen dat ik niemand kende - ze hadden het allemaal te druk met zichzelf te vermaken. Ik verliet de bar glimlachend, blij een andere kant van Berlijn te hebben ervaren waarvan ik het bestaan niet kende.

Fragen zum Verständnis

1. Wie war das Wetter, als der Autor in Berlin ankam?

2. Welche Orte hat der Autor während seines Aufenthalts in Berlin besucht?

3. Wie fand der Autor das Essen in Berlin?

4. Welchen Eindruck hatte der Autor von den Menschen in Berlin?

5. Wie fand der Autor das Nachtleben in Berlin?

6. Was hält der Autor von der Geschichte der Stadt?

7. Was hat dem Autor an seinem Besuch in Berlin am besten gefallen?

8. Was hat der Autor zum Abendessen im Restaurant bestellt?

Begrip vragen

1. Hoe was het weer toen de schrijver in Berlijn aankwam?

2. Wat zijn enkele van de plaatsen die de auteur bezocht toen hij in Berlijn was?

3. Wat vond de auteur van het eten in Berlijn?

4. Wat was de indruk van de auteur over de mensen in Berlijn?

5. Wat vond de auteur van het nachtleven in Berlijn?

6. Wat vond de schrijver van de geschiedenis van de stad?

7. Wat was het favoriete deel van de auteur aan zijn bezoek aan Berlijn?

8. Wat heeft de schrijver besteld voor het diner in het restaurant ?

Fußballspiel

Als junger Amerikaner habe ich mich nie wirklich für Fußball interessiert. Ich wusste zwar davon, und ich hatte ein paar Spiele im Fernsehen gesehen, aber es **hat** mich nie wirklich interessiert. Als ich jedoch nach Deutschland zog, um zu studieren, begann ich, eine echte Liebe für diesen Sport zu entwickeln. Und wo könnte man besser **Fußball** sehen als in Deutschland, wo einige der besten Mannschaften der Welt zu Hause sind? Als mir ein Freund von einem Fußballspiel in Berlin erzählte, wusste ich, dass ich unbedingt hingehen musste. Ich war noch nie zuvor bei einem Spiel gewesen, geschweige denn bei einem Fußballspiel, aber ich war **gespannt darauf**, etwas Neues zu erleben. Das **Spiel** war unglaublich. Tausende von Menschen aus ganz Deutschland (und sogar einige aus anderen Ländern) kamen zusammen, um ihre Liebe zum Fußball zu feiern. Es waren so viele verschiedene Mannschaften vertreten, und alle sangen und skandierten gemeinsam. Es war eine unglaubliche Atmosphäre.

 Damals wusste ich noch nicht viel über den deutschen Fußball, aber ich erfuhr schnell, dass Bayern München die beliebteste Mannschaft war. Und wie sich herausstellte, spielten sie auch im **Endspiel**. Es

Voetbalwedstrijd

Als jonge Amerikaan was ik nooit echt in de ban van voetbal. Ik wist ervan, en ik had een paar wedstrijden op televisie gezien, maar het had nooit echt mijn belangstelling **getrokken**. Maar toen ik voor mijn studie naar Duitsland verhuisde, begon ik een echte liefde voor de sport te ontwikkelen. En waar kun je beter **voetbal** kijken dan in Duitsland, de thuisbasis van enkele van de beste teams ter wereld? Dus toen een vriend me vertelde over een **voetbalwedstrijd** in Berlijn, wist ik dat ik moest gaan. Ik was nog nooit naar een wedstrijd geweest, laat staan een voetbalwedstrijd, maar ik vond **het spannend** om iets nieuws mee te maken. De **wedstrijd** was ongelooflijk. Duizenden mensen uit heel Duitsland (en zelfs enkele uit andere landen) kwamen samen om hun liefde voor voetbal te vieren. Er waren zoveel verschillende teams vertegenwoordigd, en iedereen zong en zong samen. Het was een geweldige sfeer.

Ik wist toen nog niet veel van het Duitse voetbal, maar ik leerde al snel dat Bayern München het populairste team was. En, wat bleek, zij speelden ook in de eindstrijd. Het was nog vroeg **in de ochtend** toen we in Frankfurt aankwamen. De stad sliep nog, maar we voelden de opwinding in de lucht. We gingen op

war in den frühen Morgenstunden, als wir in Frankfurt ankamen. Die Stadt schlief noch, aber wir konnten die Aufregung in der Luft spüren. Wir machten uns auf den Weg zum Treffpunkt, wo sich bereits Menschen **versammelten**. Wir schlossen uns der Menge an und begannen zu marschieren. Die Sonne ging gerade auf, als wir durch die Straßen von **Frankfurt zogen**. Je näher wir dem **Stadion kamen**, desto mehr Menschen schlossen sich uns an. Als wir dort ankamen, war das Stadion überfüllt mit Menschen. Wir sangen und skandierten, während wir um das Stadion marschierten. Die **Atmosphäre** war elektrisierend. Wir konnten die Kraft der Menschen um uns herum spüren. Wir waren vereint in unserer Liebe für unser Team und unser Land. Der Marsch ging noch stundenlang weiter, aber schließlich war es Zeit, nach Hause zu gehen. Wir verließen das Stadion, unsere Stimmen klangen noch in unseren Ohren.

Wir haben heute Geschichte geschrieben. Wir haben der Welt gezeigt, dass Deutschland eine Kraft ist, mit der man **rechnen muss**. Ich war in **Deutschland**, als die Weltmeisterschaft dort stattfand. Es war ein wunderschöner Tag für einen Fußballmarsch. Die Sonne schien und die **deutschen** Fans waren in voller Montur unterwegs. Sie waren alle in den Farben ihrer Mannschaften gekleidet und sangen und skandierten, während sie gingen. Es war ein Meer aus Rot, Weiß und Schwarz.

weg naar de verzamelplaats, waar de mensen zich al **begonnen te** verzamelen. We sloten ons aan bij de menigte en begonnen te marcheren. De zon kwam op terwijl we ons een weg baanden door de straten van **Frankfurt**. Hoe dichter we bij het **stadion kwamen**, hoe meer mensen zich bij ons voegden. Tegen de tijd dat we aankwamen, was het stadion overstroomd met mensen. We scandeerden en zongen terwijl we rond het stadion marcheerden. De **sfeer** was elektrisch. We konden de kracht van de mensen om ons heen voelen. We waren verenigd in onze liefde voor ons team en ons land. De mars duurde uren, maar uiteindelijk was het tijd om naar huis te gaan. We verlieten het stadion, onze stemmen klonken nog na in onze oren.

We hebben vandaag geschiedenis geschreven. We hebben de wereld laten zien dat Duitsland een kracht is om rekening mee te **houden**. Ik was in **Duitsland** toen de wereldbeker daar werd gehouden. Het was een prachtige dag voor een voetbalmars. De zon scheen en de **Duitse** fans waren in grote getale aanwezig. Ze waren allemaal uitgedost in de kleuren van hun team en zongen en zongen terwijl ze liepen. Het was een zee van rood, wit en zwart.

Fragen zum Verständnis

1. Wie war die Atmosphäre im Stadion?

2. Wie hat sich der Autor gefühlt, als er das Spiel miterleben konnte?

3. Was war das einprägsamste Erlebnis für den Autor?

4. Wie war es für den Autor, die Mannschaft herauskommen zu sehen?

5. Wie war das noch gleich?

6. Wie war es für den Autor, an dem Marsch teilzunehmen?

7. Wie hat der Autor die Erfahrung insgesamt empfunden?

8. Wie war die Stimmung in der Menge?

Begrip vragen

1. Hoe was de sfeer in het stadion?

2. Hoe vond de auteur het om getuige te kunnen zijn van de wedstrijd?

3. Wat was voor de auteur de meest gedenkwaardige ervaring?

4. Hoe was het voor de auteur om het team naar buiten te zien komen?

5. Wat was het voor iets?

6. Hoe was het voor de auteur om deel uit te maken van de mars?

7. Wat vond de auteur van de ervaring in het algemeen?

8. Hoe was het publiek?

Oktoberfest

Jedes Jahr strömen **Hunderttausende** von Menschen zum Oktoberfest, dem **größten Volksfest** der Welt, nach München. Die Veranstaltung ist ein Fest der bayerischen Kultur, das zwei **Wochen lang dauert** und am ersten Oktoberwochenende seinen Höhepunkt erreicht. Für viele Menschen ist das Oktoberfest eine Gelegenheit, sich auszutoben und kräftig zu feiern. Die Bierzelte sind immer voll, und es ist nicht **ungewöhnlich, dass man** Leute sieht, die herumstolpern und kaum stehen können. Aber das Oktoberfest ist auch eine familienfreundliche Veranstaltung mit vielen Aktivitäten für Kinder. Ich wollte schon immer mal auf das Oktoberfest gehen, aber ich habe es nicht geschafft, bis Ich war Anfang **zwanzig**, als ich endlich die Reise antrat. Ich reiste mit einer Gruppe von Freunden, und wir hatten eine tolle Zeit. Wir begannen unsere Tage damit, **München** zu erkunden und einige **Sehenswürdigkeiten zu besichtigen**. Am Nachmittag fuhren wir dann zum Oktoberfestgelände und blieben dort bis spät in die Nacht.

Wir probierten all die **verschiedenen** Bierzelte aus und aßen viele traditionelle bayerische Gerichte. Wir gingen auch auf einige der Fahrgeschäfte, die überraschenderweise nicht so überfüllt waren, wie ich

Oktoberfest

Elk jaar komen **honderdduizenden** mensen naar München voor het Oktoberfest, 's werelds **grootste kermis**. Het evenement is een viering van de Beierse cultuur en duurt twee **weken**, met het hoogtepunt in het eerste weekend van oktober. Voor veel mensen is het Oktoberfest een kans om los te gaan en hard te feesten. De biertenten zitten altijd vol, en het is niet **ongewoon** om mensen te zien rondstrompelen die nauwelijks kunnen staan. Maar het Oktoberfest is ook een gezinsvriendelijk evenement, met veel activiteiten voor kinderen. Ik heb altijd al eens naar het Oktoberfest willen gaan, maar het was pas Ik was begin **twintig** toen ik eindelijk de reis maakte. Ik ging met een groep vrienden, en we hadden een geweldige tijd. We begonnen onze dagen met het verkennen van **München** en deden wat **sightseeing**. In de namiddag gingen we dan naar het Oktoberfest en bleven daar tot laat in de nacht.

We probeerden alle **verschillende** biertenten uit en aten veel traditioneel Beiers eten. We gingen ook op een aantal van de ritten, die waren verrassend niet zo druk als ik dacht dat ze zouden zijn. De geur van verse **krakelingen** en bier vulde de lucht toen ik me een weg baande door de menigte van het Oktoberfest. Ik kon het

dachte. Der Geruch von frischen **Brezeln** und Bier erfüllte die Luft, als ich mir meinen Weg durch die Oktoberfest-Massen bahnte. Ich konnte mir ein Lächeln nicht verkneifen, als ich die festliche **Atmosphäre in mich** aufnahm - überall lachten und tanzten die Leute. Ich kaufte mir einen Krug Bier und suchte mir einen Platz, um die Leute zu beobachten. Ich beobachtete, wie Gruppen von Freunden aufeinander anstießen, ihre Gläser aneinander stießen und große Schlucke Bier nahmen. Lachen und Musik erfüllten die Luft, und ich konnte nicht anders, als mit dem Fuß im Takt zu wippen. Plötzlich rempelte mich jemand von hinten an und **verschüttete** mein Bier über mein Hemd. Ich drehte mich um und sah eine Gruppe rüpelhafter Jugendlicher, die offensichtlich schon ziemlich betrunken waren. Sie **entschuldigten sich** vielmals und boten mir an, mir ein neues Bier zu kaufen. Ich lehnte ab, aber sie bestanden darauf, und so gab ich schließlich nach.

 Ich unterhielt mich eine Weile mit ihnen und fand heraus, dass sie alle aus verschiedenen Teilen Deutschlands stammen. Sie **luden** mich an ihren Tisch **ein**, und ich hatte viel Spaß beim **Tanzen** und Trinken mit ihnen bis in die Nacht hinein. Als die Sonne aufging, wurde mir klar, dass ich eine unglaubliche Zeit erlebt hatte - das war definitiv eine Nacht, die ich nie vergessen werde! Am liebsten habe ich auf dem Oktoberfest einfach nur Leute beobachtet.

niet helpen, maar glimlachte toen ik de feestelijke **sfeer in me opnam** - overal waar ik keek lachten en dansten mensen. Ik kocht een bierpul en zocht een plekje om mensen te kijken. Ik keek toe hoe groepen vrienden op elkaar proostten, met hun glazen kletterden en grote slokken bier namen. Het geluid van gelach en muziek vulde de lucht, en ik kon het niet laten om met mijn voet mee te tikken op de maat. Plotseling botste iemand van achteren tegen me op, en **morste** mijn bier over mijn hele shirt. Ik draaide me om en zag een groepje luidruchtige tieners, die duidelijk al behoorlijk dronken waren. Ze **verontschuldigden zich ten zeerste** en boden me een nieuw biertje aan. Ik weigerde, maar ze drongen aan, dus uiteindelijk gaf ik toe.

 Ik kletste een tijdje met hen en ontdekte dat ze allemaal uit verschillende delen van Duitsland kwamen. Ze **nodigden** me uit om aan hun tafel te komen zitten, en ik had een geweldige tijd met hen te **dansen** en te drinken tot diep in de nacht. Toen de zon begon op te komen, besefte ik dat ik een ongelooflijke tijd had gehad - dit was zeker een nacht die ik nooit zou vergeten! Mijn favoriete deel van Oktoberfest was gewoon mensen kijken.

Fragen zum Verständnis

1. Wo findet jedes Jahr das Oktoberfest statt?

2. Wie viele Menschen besuchen jedes Jahr das Oktoberfest?

3. Wofür ist das Oktoberfest bekannt?

4. Wie lange dauert das Oktoberfest?

5. In welchem Monat findet das Oktoberfest statt?

6. Warum wollte der Autor das Oktoberfest besuchen?

7. Wie ist der Autor zum Oktoberfest gereist?

8. Was hat der Autor in den Bierzelten gemacht?

9. Welche Aktivitäten gab es für Kinder?

10. Warum hat der Autor seinen Aufenthalt genossen?

Begrip vragen

1. Waar wordt het Oktoberfest elk jaar gehouden?

2. Hoeveel mensen bezoeken het Oktoberfest elk jaar?

3. Waar is het Oktoberfest bekend om?

4. Hoe lang duurt het Oktoberfest?

5. In welke maand valt het Oktoberfest?

6. Waarom wilde de auteur het Oktoberfest bezoeken?

7. Hoe reisde de auteur naar het Oktoberfest?

8. Wat deed de schrijver in de biertenten?

9. Welke activiteiten waren er voor kinderen?

10. Waarom heeft de auteur van zijn verblijf genoten?

Am Strand

Nach Sonnenaufgang sind die Wellen lauter und der Sand oberhalb der Flut ist weiß. Ich gehe hinunter zum Strand, **bewundere** das Meer und die Sonne. Meine Zehen spüren die Rillen der Muscheln. Der Sand ist kalt an meinen Zehen. Ich lächle und gehe weiter. Die Flut ist hoch, also muss ich aufpassen, dass ich nicht hineingezogen werde. Ich laufe am Ufer entlang und bewundere das Meer. Der Sonnenaufgang ist **wunderschön**, und die Wellen plätschern. Ich fühle mich so friedlich. Ich komme zu einer Stelle, an der ein Felsvorsprung steht. Ich setze mich hin und beobachte die Wellen. Das Wasser ist so blau und der Himmel ist so **orange**. Ich fühle mich wie in einem Traum. Ich schließe die Augen und lausche einfach nur den Wellen. Ich saß lange Zeit dort, bis ich hörte, wie jemand meinen Namen rief.

Ich öffne meine Augen und sehe meine Mutter auf mich zukommen. Sie hat einen besorgten Ausdruck im Gesicht. Ich lächle und winke, und sie **entspannt sich**. "Ich habe mich schon gefragt, wo du bist", sagt sie. "Ich freue mich, dass du den Strand genießt." Ich antworte: "Das tue ich." "Es ist so schön hier." "Ich weiß", sagt sie. "Als ich in deinem Alter war, bin ich ständig hierhergekommen." "Wirklich?" frage ich. "Ja",

Op het strand

Na zonsopgang zijn de golven luider en het zand boven
de vloed is wit. Ik loop naar het strand en **bewonder**
de zee en de zon. Mijn tenen voelen de groeven van
schelpen. Het zand is koud aan mijn tenen. Ik glimlach
en loop door. Het is vloed, dus ik moet oppassen dat
ik er niet in word getrokken. Ik loop langs de waterkant
en bewonder de zee. De zonsopgang is **prachtig**, en
de golven beuken. Ik voel me zo vredig. Ik kom op een
plek waar een rots uitsteekt. Ik ga zitten en kijk naar de
golven. Het water is zo blauw en de lucht is zo **oranje**.
Ik voel me alsof ik in een droom ben. Ik sluit mijn ogen
en luister alleen maar naar de golven. Ik zat daar een
hele tijd, tot ik iemand mijn naam hoorde roepen.

Ik open mijn ogen en zie mijn moeder naar me toe
lopen. Ze heeft een bezorgde blik op haar gezicht. Ik
glimlach en zwaai, en ze **ontspant zich**. "Ik vroeg me
al af waar je was," zegt ze. "Ik ben blij dat je van het
strand geniet." Ik antwoord: "Dat doe ik." "Het is hier
zo mooi." "Ik weet het," zegt ze. "Ik kwam hier altijd
toen ik zo oud was als jij." "Echt waar?" Vraag ik. "Ja,"
antwoordt ze. "Het is een speciale plek." "Heb je hier
ooit een speciaal iemand ontmoet?" Vraag ik. "Ik wel,"
antwoordt ze met een glimlach. "Je vader." "Echt waar?"
Zeg ik, **verbaasd**. "Ja," zegt ze. "We kwamen hier altijd

antwortet sie. "Es ist ein besonderer Ort.""Hast du hier jemals jemand Besonderen getroffen?" frage ich. "Ja", antwortet sie mit einem Lächeln. "Deinen Vater." "Wirklich?" sage ich **erstaunt**. "Ja", sagt sie. "Wir waren früher immer zusammen hier. Hier haben wir uns verliebt. "Ich lächle und **stelle mir** meine Eltern **vor, wie sie sich** an diesem schönen Strand verlieben. "Es ist ein besonderer Ort", wiederholt sie. "Ich bin froh, dass du heute hierher gekommen bist."

Wir sitzen noch eine Weile da und **beobachten** die Wellen und den Sonnenuntergang. Dann stehen wir auf und gehen zurück zu unseren Strandtüchern. Ich lege mich hin und schaue mir die Sterne an. Ich fühle mich so glücklich und zufrieden. Die Wellen sind jetzt lauter, und der Sand ist kalt. Die Sonne geht unter und eine kühle Brise weht. Die Wellen schlagen gegen das Ufer, und der Geruch von Salz liegt in der Luft. Es ist ein perfekter Abend, um am Strand zu sein. Ich spaziere am Ufer entlang, **lausche dem** Rauschen der Wellen und beobachte den Sonnenuntergang. Ich sehe eine Gruppe von Menschen, die lachend und scherzend im Sand sitzen. Sie sehen aus, als hätten sie eine tolle Zeit. Ich gehe zu ihnen hin und frage, ob ich mich zu ihnen setzen darf. Sie sagen ja, und wir verbringen den Rest des Abends damit, uns zu unterhalten, zu lachen und den **Sonnenuntergang** zu beobachten. Es ist ein perfekter Abend. Die Gruppe und ich unterhalten uns, bis die Sonne untergeht.

samen. Het is waar we verliefd werden. " Ik glimlach en **stel me voor hoe** mijn ouders verliefd werden op dit prachtige strand. "Het is een speciale plek," herhaalt ze. "Ik ben blij dat je hier vandaag bent."

We zitten daar nog een tijdje, **kijken naar** de golven en de zonsondergang. Dan staan we op en lopen terug naar onze strandhanddoeken. Ik ga liggen en kijk naar de sterren. Ik voel me zo gelukkig en tevreden. De golven zijn nu luider, en het zand is koud. De zon gaat onder en er waait een koel briesje. De golven beuken tegen de kust, en de geur van zout hangt in de lucht. Het is een perfecte avond om op het strand te zijn. Ik loop langs het strand, **luister** naar het geluid van de golven en kijk naar de zonsondergang. Ik zie een groep mensen op het zand zitten, lachend en grapjes makend. Ze zien eruit alsof ze het naar hun zin hebben. Ik loop naar ze toe en vraag of ik erbij mag komen zitten. Ze zeggen ja, en we brengen de rest van de avond door met praten, lachen en kijken naar de **zonsondergang**. Het is een perfecte avond. De groep en ik praten tot de zon ondergaat.

Fragen zum Verständnis

1. Wohin geht die Erzählerin, nachdem sie aufgewacht ist?

2. Was bewundert die Erzählerin, während sie am Strand entlanggeht?

3. Worauf muss die Erzählerin aufpassen, wenn sie am Strand entlanggeht?

4. Wo setzt sich der Erzähler hin, um die Aussicht zu genießen?

5. Wie lange sitzt der Erzähler dort?

6. Wen sieht die Erzählerin, als sie ihre Augen wieder öffnet?

7. Was sagt die Mutter des Erzählers?

8. Worüber sprechen die Erzählerin und die Menschen, die sie trifft?

Begrip vragen

1. Waar gaat de vertelster heen nadat ze wakker is geworden?

2. Wat bewondert de vertelster als ze langs het strand loopt?

3. Waar moet de vertelster op letten als ze langs het strand loopt?

4. Waar gaat de verteller zitten om van het uitzicht te genieten?

5. Hoe lang blijft de verteller daar zitten?

6. Wie ziet de verteller als ze haar ogen weer opent?

7. Wat zegt de moeder van de verteller?

8. Waar praten de verteller en de mensen die ze ontmoet over?

Camping am See

Ich gehe auf den See zu und **bewundere** die Ruhe, die hier herrscht. Die Sonne brennt auf den kleinen See und lässt das Wasser wie eine Glasscheibe aussehen. Die einzige Bewegung ist das gelegentliche Plätschern eines Fisches, der die Oberfläche durchbricht. Selbst die Vögel scheinen sich von der Hitze zu erholen, denn nur das Zirpen der Zikaden erfüllt die Luft. **Plötzlich wird** die Ruhe durch ein lautes Plätschern unterbrochen. Ein großer **Fisch ist aus dem** Wasser gesprungen und versucht, eine Libelle zu fangen. Der Fisch verfehlt sein Ziel und fällt mit einem Platschen zurück ins Wasser. "Wow", denke ich mir, "das war ein großer Fisch!". Ich schaue mich um, um zu sehen, ob ihn noch jemand gesehen hat, aber es ist niemand da. Ich werde es ihnen wohl erzählen müssen, wenn ich zum Camp zurückkehre.

Die Hitze ist **drückend** und macht das Atmen schwer. Die Luft ist dick und schwer, wie eine Decke, die einen einhüllt. Die einzige Erleichterung bietet das Wasser. Es ist kühl und erfrischend, wie ein kaltes Getränk an einem heißen Tag. Ich atme tief ein und tauche ins Wasser ein. Die Erleichterung tritt sofort ein, als mich das kühle Wasser umgibt. Ich schwimme auf den Grund

Kamperen aan het meer

Ik loop naar het meer en **bewonder** de vredigheid van het tafereel. De zon schijnt op het meertje, waardoor het water een glazen plaat lijkt. De enige beweging is af en toe een rimpeling van een vis **die** het wateroppervlak breekt. Zelfs de vogels lijken een pauze te nemen van de hitte, met alleen het geluid van cicaden die de lucht vullen. **Plotseling** wordt de rust verbroken door een luide plons. Een grote **vis** is uit het water gesprongen, in een poging een libel te vangen. De vis mist zijn doel en valt met een plons terug in het water. "Wow," denk ik bij mezelf, "dat was een grote vis!." Ik keek om me heen om te zien of iemand anders hem had gezien, maar er was niemand in de buurt. Ik denk dat ik het ze zal moeten vertellen als ik terug ben in het kamp.

De hitte is **drukkend**, waardoor het moeilijk is om te ademen. De lucht is dik en zwaar, als een deken om je heen gewikkeld. De enige verlichting is in het water. Het is koel en verfrissend, als een koud drankje op een warme dag. Ik haal diep adem en duik in het water. De opluchting is onmiddellijk als het koele water me omringt. Ik zwem naar de bodem en dan weer naar de oppervlakte, terwijl ik voel hoe het water mijn lichaam afkoelt. Ik blijf baantjes trekken en geniet van de

und dann wieder an die Oberfläche und spüre, wie das Wasser meinen Körper kühlt. Ich **schwimme** weiter meine Runden und genieße die Abkühlung von der Hitze. Nach einer Weile steige ich aus dem Wasser und lege mich ins Gras, damit die Sonne meinen Körper trocknen kann. Ich schließe die Augen und schlafe ein. Das **Zirpen der Zikaden** wiegt mich in einen tiefen Schlaf. Ich lasse die Sonne das Wasser aus meiner Haut brennen. Ich spüre, wie meine Haut rot wird, aber es ist mir egal. Mir ist zu heiß, als dass es mir etwas ausmachen würde, und schon geht die Sonne unter. Der Himmel färbt sich orange mit rosa und violetten Reflexen. Die Hitze ist verschwunden und wird durch eine kühle **Brise** ersetzt.

Ich stehe auf und ziehe mich wieder an, fühle mich erfrischt und verjüngt. Ich **atme** tief die kühle Luft ein und lächle. Es ist ein gutes Gefühl, am Leben zu sein. Ich laufe zurück zum Campingplatz und bewundere, wie die Farben am Himmel tanzen. In der Ferne sehe ich das Lagerfeuer brennen und kann den Rauch in der Luft riechen. Ich lächle und **beschleunige** mein Tempo. Ich bin bereit, mich zu entspannen und den Rest des Abends zu genießen. Ich betrete den Lagerplatz und sehe, dass alle um das Feuer versammelt sind. Sie **lachen** und scherzen, und ich kann sehen, wie sich das Feuer in ihren Augen spiegelt. Ich lächle und setze mich neben meine Freunde. Es ist schön, wieder hier zu sein.

afkoeling van de hitte. Na een tijdje kom ik uit het water en ga op het gras liggen, zodat de zon mijn lichaam kan drogen. Ik sluit mijn ogen en val in slaap, het geluid van de **cicaden** brengt me in een diepe slaap. Ik laat de zon het water uit mijn huid bakken. Ik voel dat mijn huid rood wordt, maar dat kan me niet schelen. Ik heb het te warm om me zorgen te maken. Het volgende dat ik weet, is dat de zon ondergaat. De lucht is prachtig oranje, met roze en paarse strepen. De hitte is weg, vervangen door een koel **briesje**.

Ik sta op en trek mijn kleren weer aan. Ik voel me verfrist en verjongd. Ik haal diep **adem** uit de koele lucht en glimlach. Het voelt goed om te leven. Ik loop terug naar de camping en bewonder de manier waarop de kleuren in de lucht dansen. In de verte zie ik het kampvuur branden, en ik ruik de rook in de lucht. Ik glimlach en **versnel** mijn pas. Ik ben klaar om te ontspannen en te genieten van de rest van mijn avond. Ik loop de camping op en zie dat iedereen rond het vuur zit. Ze **lachen** en maken grapjes, en ik kan het vuur in hun ogen zien weerkaatsen. Ik glimlach en ga naast mijn vrienden zitten. Het is goed om terug te zijn.

Fragen zum Verständnis

1. Wohin geht der Wanderer?

2. Was für ein Wetter ist es?

3. Wie sieht das Wasser aus?

4. Wie reagiert der Wanderer auf die Hitze?

5. Was macht der Fisch?

6. Warum ist der Wanderer allein?

7. Wie fühlt sich das Wasser an?

8. Wie fühlt sich der Wanderer nach dem Schwimmen?

9. Zu welcher Tageszeit wacht der Wanderer auf?

10. Wohin geht der Wanderer, wenn er das Lager verlässt?

Begrip vragen

1. Waar gaat de wandelaar heen?

2. Wat voor weer is het?

3. Hoe ziet het water eruit?

4. Hoe reageert de wandelaar op de hitte?

5. Wat doet de vis?

6. Waarom is de wandelaar alleen?

7. Hoe voelt het water aan?

8. Hoe voelt de wandelaar zich na het zwemmen?

9. Hoe laat is het als de wandelaar wakker wordt?

10. Waar gaat de wandelaar heen als hij het kamp verlaat?

Das Haus

Letzte Woche bin ich in mein neues Haus eingezogen, und ich bin so **aufgeregt**! Es ist viel größer als mein altes, und es hat einen großen Garten. Ich kann es kaum erwarten, Freunde zum Grillen und für Partys einzuladen. Mein Lieblingsteil ist mein neues Schlafzimmer. Es ist so groß und hell, und ich habe jede Menge Platz, um all meine Sachen unterzubringen. Ich bin wirklich glücklich mit meinem neuen Haus und denke, dass ich hier sehr glücklich sein werde. Ich beschloss, das Haus noch ein bisschen zu erkunden. Ich ging nach oben in den zweiten Stock und machte mich auf den Weg in die Küche, als ich eine große schwarze Spinne an der Wand sah! Ich schrie auf und rannte die Treppe hinunter. Ich war so **erschrocken**! Aber nach ein paar Minuten beruhigte ich mich und beschloss, wieder nach oben zu gehen. Langsam machte ich mich auf den Weg in die Küche und sah, dass die Spinne weg war. Ich war so erleichtert! Ich ging wieder nach unten und beschloss, nach draußen zu gehen, um den **Garten zu** erkunden. Sie war so groß! Ich konnte es nicht glauben. Ich sah eine Schaukel in der Ecke und eine Rutsche. Ich sah auch ein Basketballnetz und ein **Trampolin**. Ich war so aufgeregt!

Het Huis

Ik ben vorige week in mijn nieuwe huis getrokken, en ik ben zo **opgewonden**! Het is zoveel groter dan mijn oude, en het heeft een grote achtertuin. Ik kan niet wachten om vrienden uit te nodigen voor BBQ's en feestjes. Mijn **favoriete** deel is mijn nieuwe slaapkamer. Hij is zo groot en licht, en ik heb veel ruimte om al mijn spullen op te bergen. Ik ben echt blij met mijn nieuwe huis en ik denk dat ik hier heel gelukkig zal zijn. Ik besloot om het huis nog wat verder te verkennen. Ik ging naar boven naar de tweede verdieping en ging op weg naar de keuken toen ik een grote zwarte spin op de muur zag! Ik gilde en rende naar beneden. Ik was zo **bang**! Maar na een paar minuten was ik gekalmeerd en besloot ik terug naar boven te gaan. Ik ging langzaam naar de keuken en zag dat de spin weg was. Ik was zo opgelucht! Ik ging terug naar beneden en besloot naar buiten te gaan om de **achtertuin te verkennen**. Hij was zo groot! Ik kon het niet geloven. Ik zag een schommel in de hoek en een glijbaan. Ik zag ook een basketbalnet en een **trampoline**. Ik was zo opgewonden!

Ik kan niet wachten om al deze nieuwe spullen te gebruiken. De **buren** kwamen langs en stelden zich voor. Ze leken erg aardig, en we hebben een tijdje gepraat. Ze nodigden me uit voor hun BBQ volgend

Ich kann es kaum erwarten, all diese neuen Sachen zu benutzen. Die **Nachbarn** kamen vorbei und stellten sich vor. Sie schienen wirklich nett zu sein, und wir unterhielten uns eine Weile. Sie luden mich zu ihrem Grillfest am nächsten Wochenende ein, und ich sagte, dass ich gerne kommen würde. Ich hatte eine tolle erste Woche in meinem neuen Haus und freue mich auf all die neuen Abenteuer, die vor mir liegen. Heute werde ich wieder im Garten auf Entdeckungstour gehen und sehen, was ich noch alles finden kann. Wer weiß, vielleicht finde ich ja sogar einen **Schatz**. Ich kann es kaum erwarten, zu sehen, was die nächste Woche bringt! In der nächsten Woche bin ich wieder im Garten auf Entdeckungsreise gegangen und habe einen **geheimen** Garten gefunden. Er war so schön! Überall waren Blumen und ein kleiner Teich mit Fischen drin. Ich habe auch eine Schaukel gesehen, die ich vorher noch nie gesehen hatte. Ich war so aufgeregt, diesen geheimen Garten zu finden, und ich kann es kaum erwarten, ihn weiter zu erkunden. Er war so **schön**!

Überall gab es Blumen und einen kleinen Teich mit Fischen darin. Ich habe auch eine **Schaukel** gesehen, die ich vorher noch nie gesehen hatte. Ich war so aufgeregt, diesen geheimen Garten zu finden, und ich kann es kaum erwarten, ihn weiter zu erkunden. Mein neues Zimmer hat mir auch gut gefallen. Es war so groß und hell, und an den Wänden hingen bereits Poster von meinen Lieblingsbands.

weekend, en ik zei dat ik graag zou komen. Ik had een geweldige eerste week in mijn nieuwe huis, en ik ben opgewonden over alle nieuwe avonturen die in het verschiet liggen. Vandaag ga ik weer op verkenning in de achtertuin en kijken wat ik nog meer kan vinden. Wie weet, misschien vind ik wel een **schat**. Ik kan niet wachten om te zien wat de volgende week brengt! De volgende week ging ik weer op verkenning in de achtertuin, en ik vond een **geheime** tuin. Het was zo mooi! Er waren overal bloemen en een kleine vijver met vissen erin. Ik zag ook een schommel die ik nog niet eerder had gezien. Ik was zo opgewonden toen ik deze geheime tuin vond, en ik kan niet wachten om hem verder te verkennen. Het was zo **mooi**!

Er waren overal bloemen en een kleine vijver met vissen erin. Ik zag ook een **schommel** die ik nog niet eerder had gezien. Ik was zo opgewonden toen ik deze geheime tuin vond, en ik kan niet wachten om hem verder te verkennen. Ik vond mijn nieuwe kamer ook geweldig. Hij was zo groot en licht, en er hingen al posters van mijn favoriete bands aan de muur.

Fragen zum Verständnis

1. Wo wohnt die Person?

2. Wie gefällt es der Person im neuen Haus?

3. Was gefällt der Person am besten an ihrem neuen Haus?

4. Was hat die Person im Garten gefunden?

5. Wer sind die Nachbarn?

6. Wie hat sich die Person in den ersten Tagen in der neuen Wohnung gefühlt?

7. Was gefällt der Person am besten an ihrem neuen Zimmer?

8. Was plant die Person morgen zu tun?

9. Was war das Beste an der ersten Woche im neuen Haus?

10. Was befindet sich alles in dem neuen Zimmer der Person?

Begrip vragen

1. Waar woont de persoon?

2. Hoe vindt de persoon het in het nieuwe huis?

3. Wat is het favoriete deel van het nieuwe huis van de persoon?

4. Wat heeft de persoon in de tuin gevonden?

5. Wie zijn de buren?

6. Hoe voelde de persoon zich de eerste dagen in het nieuwe huis?

7. Wat is het favoriete deel van de nieuwe kamer van de persoon?

8. Wat is de persoon van plan morgen te doen?

9. Wat was het beste deel van de eerste week van de persoon in het nieuwe huis?

10. Wat is er allemaal in de nieuwe kamer van de persoon?

Im Zug

Ich rannte zum Bahnhof, aber ich war zu spät. Der Zug war bereits ohne mich abgefahren. Ich war so **wütend** und **enttäuscht** von mir selbst. Ich hatte geplant, mit dem Zug meine Großeltern zu besuchen, die auf dem Land leben, aber jetzt würde ich eine ganze Stunde auf den nächsten Zug warten müssen. Ich beschloss, stattdessen eine Weile durch die Stadt zu laufen und versuchte, die verpasste Gelegenheit zu vergessen. Beim Spazierengehen begann ich von all den Orten zu **träumen, an die man mit dem Zug** gelangen kann. Plötzlich war ich nicht mehr so verärgert. Ich gehe zurück in den Bahnhof und kann nicht umhin, die große rot-weiß-blaue Lokomotive zu bemerken, die auf mich zu tuckert. Erst als ich den **Schaffner** sehe, der mir aus dem Fenster zuwinkt, wird mir klar, dass dieser Zug für mich bestimmt ist. Ich steige ein, suche mir einen Sitzplatz und mache mich auf eine lange Reise gefasst.

Als wir aus dem Bahnhof fahren, frage ich mich, wohin dieser Zug mich wohl bringen wird. Durch grüne **Felder** und über blaue Flüsse, vorbei an Bergen und Tälern - man weiß nie, wohin dieser alte Zug fahren wird. Als die Nacht hereinbricht, falle ich in einen **friedlichen** Schlaf, der von der **rhythmischen** Bewegung der Waggons auf den Gleisen unter mir eingelullt wird. Als

In de trein

Ik rende naar het treinstation, maar ik was te laat.
De trein was al vertrokken zonder mij. Ik voelde me
zo **boos** en **teleurgesteld** in mezelf. Ik was van plan
om met de trein naar mijn grootouders te gaan die
op het platteland wonen, maar nu moest ik een heel
uur wachten op de volgende trein. Ik besloot in plaats
daarvan een eindje door de stad te lopen en probeerde
mijn gemiste kans te vergeten. Terwijl ik liep, begon
ik **te dagdromen** over alle plaatsen waar **treinen** je
kunnen brengen. Plotseling was ik niet meer zo van
streek. Ik liep terug naar het station en zag de grote
rood-wit-blauwe locomotief die op me af kwam rijden.
Pas als ik de **conducteur** vanuit het raam naar me zie
zwaaien, realiseer ik me dat deze trein voor mij is. Ik
stap in de trein en zoek een zitplaats. Ik ga zitten voor
wat een lange reis belooft te worden.

Terwijl we het station uitrijden, vraag ik me af waar deze
trein me heen zal brengen. Door groene **velden** en over
blauwe rivieren, langs bergen en valleien, het is niet
te zeggen waar deze oude trein heen zal gaan. Als de
nacht begint te vallen, drijf ik weg in een **vredige** slaap,
gewiegd door de **ritmische** beweging van de wagons
op de sporen beneden. Als het weer ochtend wordt,
open ik mijn ogen en zie dat we in een klein stadje

ich am nächsten Morgen die Augen öffne, sehe ich, dass wir in einer kleinen Stadt irgendwo im Nirgendwo angekommen sind. Die Sonne lugt gerade über den Horizont, als die Einheimischen beginnen, sich auf der Hauptstraße zu bewegen. Es sieht aus wie jeder andere Tag hier, bis auf eine Ausnahme: In der Nähe des Rathauses steht ein großes Schild mit der Aufschrift "Willkommen an Bord! Es scheint, als hätte diese kleine Stadt uns erwartet, obwohl wir nur ein gewöhnlicher Personenzug sind, der auf dem Weg zu einem anderen Ziel durchfährt. Als wir die Stadt wieder hinter uns lassen und in Richtung wer weiß wohin tuckern, lächle ich über all die freundlichen Gesichter, die uns aus den kleinen Häusern zwischen den **Feldern** zuwinken - **es ist** wirklich erstaunlich, wie etwas so scheinbar Alltägliches so viel Freude bereiten kann, wenn man einfach durchfährt. Und dann sind da natürlich noch die **Kinder**.

Ich lehne mich aus dem Fenster meiner Lokomotive. Mit ihren leuchtenden Augen und ihrem breiten Grinsen machen sie mich immer so glücklich. Ich winke ihnen energisch zu, bevor ich in mein **Abteil** zurückkehre und mich setze. Es war schon ein langer Tag, aber er ist noch nicht zu Ende; es sind noch ein paar Stunden, bis wir unser endgültiges **Ziel** erreichen. Ich ziehe mein Buch heraus und beginne zu lesen, während mich das rhythmische Schaukeln des Zuges in einen friedlichen Zustand versetzt.

ergens in niemandsland zijn aangekomen. De zon komt
net boven de horizon als de plaatselijke bevolking zich
in de hoofdstraat begint te mengen; het ziet er hier
uit als elke andere dag, behalve één ding - er hangt
een groot bord bij het stadhuis met de tekst "Welkom
aan boord!" Het lijkt erop dat dit stadje ons verwacht,
ook al zijn we maar een gewone passagierstrein op
doorreis naar elders. Terwijl we de stad weer achter
ons laten, op weg naar wie weet waar, glimlach ik om
al die vriendelijke gezichten die ons uitzwaaien vanuit
die kleine huisjes tussen **het boerenland -** het is echt
verbazingwekkend hoe iets dat zo gewoon lijkt, zoveel
vreugde kan brengen door er gewoon langs te rijden.
En dan, natuurlijk, zijn er de **kinderen**.

Ik leun uit het raam van mijn locomotief. Ze maken me
altijd zo blij met hun stralende ogen en grote grijnzen.
Ik zwaai energiek naar ze terug voordat ik terugga naar
mijn **cabine** en ga zitten. Het was al een lange dag,
maar hij is nog niet voorbij; het duurt nog een paar
uur voordat we onze **eindbestemming** bereiken. Ik
pak mijn boek en begin te lezen, terwijl het ritmische
schommelen van de trein me in een vredige toestand
brengt.

Fragen zum Verständnis

1. Wohin fährt der Zug?

2. Wer reist mit dem Zug?

3. Wann fährt der Zug ab?

4. Wie kommt der Protagonist in den Zug?

5. Woher kommt der Zug?

6. Wohin fährt der Zug als nächstes?

7. Wann sind die Passagiere angekommen?

8. Wie fühlt sich der Protagonist, als er den Zug verpasst?

9. Wie reagiert der Zugführer, als er den Protagonisten sieht?

10. Warum mag der Protagonist Züge?

Begrip vragen

1. Waar gaat de trein heen?

2. Wie reist er met de trein?

3. Wanneer vertrekt de trein?

4. Hoe komt de hoofdpersoon op de trein?

5. Waar komt de trein vandaan?

6. Waar gaat de trein nu heen?

7. Wanneer zijn de passagiers aangekomen?

8. Hoe voelt de hoofdpersoon zich als hij de trein mist?

9. Hoe reageert de treinmachinist als hij de hoofdpersoon ziet?

10. Waarom houdt de hoofdpersoon van treinen?

Abendessen kochen

Es ist jetzt 17 Uhr und ich gehe von der Arbeit nach Hause. Ich freue **mich** auf einen ruhigen Abend zu Hause mit meinem Partner. Wir werden gemeinsam kochen und dann den Rest des Abends einfach nur entspannen. Es ist ein gutes Gefühl, zu wissen, dass ich heute **Abend** keine Pläne oder Verpflichtungen habe. Als ich zu Hause ankomme, steht mein Partner bereits in der Küche und beginnt mit der Zubereitung unseres Abendessens. Es riecht **fantastisch** hier drin! Während wir kochen, plaudern wir über den Tag des anderen und erzählen uns kleine Geschichten aus unserem Arbeitsleben. Die Küche ist mein Lieblingsraum in unserer Wohnung. Ich liebe es zu kochen, und ganz besonders liebe ich es, mit meinem Partner zu kochen. Wir haben immer so viel Spaß hier drin, lachen und scherzen, während wir kochen. Außerdem schmeckt das Essen immer **unglaublich gut**, wenn wir **zusammen** arbeiten.

Heute Abend machen wir eines meiner absoluten Lieblingsrezepte: **Hähnchen** Parmesan. Mein Partner beginnt mit dem Panieren des Hähnchens, während ich die Soße auf dem **Herd** zum Kochen bringe. Wir arbeiten zusammen wie eine gut geölte Maschine, und schon bald ist das Abendessen servierfertig. Wir

Diner koken

Het is nu 5 uur 's middags en ik loop van mijn werk naar huis. Ik kijk **uit** naar een rustige avond thuis met mijn partner. We zullen samen eten koken en dan de rest van de avond ontspannen. Het voelt goed om te weten dat ik deze **avond** geen plannen of verplichtingen heb. Ik kom thuis en mijn partner is al in de keuken om ons eten klaar te maken. Het ruikt hier geweldig! We kletsen terwijl we koken, praten bij over elkaars dagen en delen kleine verhalen uit ons werkleven. De keuken is mijn favoriete kamer in ons appartement. Ik hou van koken, en vooral van koken met mijn partner. We hebben het hier altijd zo gezellig, we lachen en maken grapjes terwijl we koken. En het eten is altijd **heerlijk** als we **samenwerken**.

Vanavond maken we een van m'n lievelingsrecepten: Parmezaanse kip. Mijn partner begint met het paneren van de kip, terwijl ik de saus op het **fornuis** laat pruttelen. We werken samen als een goed geoliede machine en al snel is het eten klaar om op te dienen. We gaan aan onze kleine keukentafel zitten met **borden** vol met Parmezaanse kip, pasta en salade. We klinken op de glazen en nemen onze eerste hap, en het is **hemels**! De kip is knapperig van buiten maar sappig van binnen; de saus is smaakvol en perfect;

setzen uns an unseren kleinen Küchentisch mit **Tellern voller** Hähnchen Parmesan, Nudeln und Salat. Wir stoßen mit den Gläsern an und nehmen unseren ersten Bissen - und der ist **himmlisch**! Das Hähnchen ist außen knusprig, aber innen saftig; die Soße ist würzig und perfekt; die Nudeln sind al dente gekocht... alles schmeckt heute Abend absolut perfekt. Wir wissen beide, dass dies einer dieser Abende war, an denen alles perfekt zusammenpasst, und wir **genießen** jeden einzelnen Bissen unseres köstlichen Essens. Es hat sogar noch besser geschmeckt, als es gerochen hat - und das war verdammt gut! Wir sind relativ schnell fertig mit dem Essen, da keiner von uns heute besonders hungrig ist, aber wir lassen uns Zeit und genießen noch ein paar **Gläser** Wein, während wir uns über dieses und jenes Thema unterhalten. Nach dem Essen räumen wir schnell zusammen auf und gehen dann ins Wohnzimmer, wo wir noch eine Weile auf der Couch **kuscheln** und fernsehen.

Es ist so schön, sich nach einem langen **Arbeitstag** einfach nur nahe zu sein. Ich fühle mich zufrieden. Auch wenn wir keinen ereignisreichen Abend hatten, war es schön, einfach etwas Zeit miteinander zu verbringen, ohne das Haus verlassen zu müssen. Wir haben uns einen Film angesehen und sind früh ins Bett gegangen, weil wir mit unserem einfachen Abend **zufrieden waren**.

de pasta is al dente gekookt... alles smaakt absoluut perfect vanavond. We weten allebei dat dit een van die avonden was waarop alles perfect samenkwam en we **genieten van** elke laatste hap van onze heerlijke maaltijd. Het smaakte nog beter dan het rook, en dat was verdomd goed! We eten relatief snel, omdat geen van ons beiden vandaag honger heeft, maar we nemen de tijd om nog een paar **glazen** wijn te drinken terwijl we luchtig kletsen over van alles en nog wat. Na het eten ruimen we snel samen op en gaan dan naar de woonkamer, waar we een poosje **knuffelen** op de bank terwijl we TV kijken.

Het voelt zo fijn om dicht bij elkaar te zijn na een lange dag apart **werken**. Ik voel me voldaan. Ook al hadden we geen avond vol belevenissen, het was fijn om gewoon wat tijd met elkaar door te brengen zonder het huis uit te hoeven. We keken een film en gingen vroeg naar bed, met een **voldaan** gevoel over onze eenvoudige avond.

Fragen zum Verständnis

1. Woher kommt der Erzähler?

2. Was macht der Erzähler nach der Arbeit?

3. Was isst der Erzähler zum Abendessen?

4. Warum mag der Erzähler die Küche?

5. Was für ein Gericht kocht das Paar?

6. Wie fühlt sich der Erzähler am Ende des Abends?

7. Was ist die Lieblingsbeschäftigung des Paares?

8. Was tun die beiden, wenn sie müde werden?

9. Wo schlafen sie?

10. Warum bleibt der Erzähler gerne zu Hause?

Begrip vragen

1. Waar komt de verteller vandaan?

2. Wat doet de verteller na het werk?

3. Wat eet de verteller als avondeten?

4. Waarom houdt de verteller van de keuken?

5. Wat voor gerecht kookt het stel?

6. Hoe voelt de verteller zich aan het eind van de avond?

7. Wat is het favoriete ding van het koppel om te doen?

8. Wat doet het stel als ze moe worden?

9. Waar slapen ze?

10. Waarom blijft de verteller graag thuis?

Nach Hause gehen

Es war eine **friedliche** Nacht, als ich von der Arbeit nach Hause ging. Als ich ging, konnte ich nicht anders, als über die Erinnerungen zu lächeln. Es fühlte sich gut an, wieder in meiner alten Nachbarschaft zu sein. Ich winkte ein paar Leuten zu, die ich kannte, und sie winkten zurück. Es war schön, wieder zu Hause zu sein. Ich ging an meiner alten Schule vorbei und **erinnerte mich an** all die guten Zeiten, die ich mit meinen Freunden hatte. Wir gingen immer zusammen nach Hause und sprachen über unseren Tag. **Manchmal hielten** wir an, um ein Eis zu essen oder in den Park zu gehen. Das waren die besten Zeiten. Ich vermisse diese Zeiten. Aber jetzt habe ich meine eigene Familie und bin glücklich mit meinem Leben. Ich bin froh, dass ich auf diese Erinnerungen zurückblicken und lächeln kann. Sie sind ein Teil meines Lebens, den ich immer in Ehren halten werde. Das waren die besten Zeiten. Ich vermisse diese Zeiten. Aber jetzt habe ich meine eigene Familie und bin glücklich mit meinem Leben. Ich bin froh, dass ich auf diese **Erinnerungen** zurückblicken und lächeln kann. Sie sind ein Teil meines Lebens, den ich immer in Ehren halten werde.

Ich gehe weiter und denke an die schöne Zeit, die ich mit meinen Freunden hatte. Ich weiß, dass ich sie bald

Walking Home

Het was een **rustige** avond toen ik van mijn werk naar huis liep. Terwijl ik liep, kon ik niet anders dan glimlachen bij de herinneringen. Het voelde goed om terug in mijn oude buurt te zijn. Ik zwaaide naar een paar mensen die ik kende, en zij zwaaiden terug. Het was goed om thuis te zijn. Ik liep langs mijn oude school en **herinnerde me** alle leuke tijden die ik had met mijn vrienden. We liepen altijd samen naar huis en praatten over onze dag. **Soms** stopten we om een ijsje te halen of gingen we naar het park. Dat waren de beste tijden. Ik mis die tijden. Maar nu heb ik mijn eigen familie en ik ben blij met mijn leven. Ik ben blij dat ik op die herinneringen kan terugkijken en glimlachen. Ze zijn een deel van mijn leven dat ik altijd zal koesteren. Dat waren de beste tijden. Ik mis die tijden. Maar nu heb ik mijn eigen familie en ben ik gelukkig met mijn leven. Ik ben blij dat ik kan terugkijken op die **herinneringen** en kan glimlachen. Ze zijn een deel van mijn leven dat ik altijd zal koesteren.

Ik blijf lopen, denkend aan de goede tijden die ik had met mijn vrienden. Ik weet dat ik ze snel weer zal zien. Ik ga richting mijn huis en besluit door een park in de buurt te lopen. De zon gaat onder en de lucht kleurt **prachtig** oranje. Het park is leeg, behalve een

wiedersehen werde. Ich mache mich auf den Weg nach
Hause und beschließe, durch einen nahe gelegenen
Park zu gehen. Die Sonne geht gerade unter und der
Himmel färbt sich in ein **schönes** Orange. Der Park
ist leer, bis auf ein paar Vögel, die in den Bäumen
zwitschern. Ich **atme** tief ein und lächle. Als ich durch
den Park gehe, sehe ich eine Sternschnuppe über
den Himmel huschen. Ich wünsche mir etwas von
dieser Sternschnuppe und laufe weiter. Ich denke an
meinen Arbeitstag und daran, wie **friedlich** er war. Ich
lächle vor mich hin und denke daran, wie viel Glück
ich habe, einen so tollen Job zu haben. Ich gehe nach
Hause und **spüre** die kühle Nachtluft auf meiner Haut.
Ich fühle mich so lebendig und glücklich, weil ich es
einfach genieße, in einer friedlichen Nacht nach Hause
zu gehen. Ich fühlte mich so gut, dass ich anfing zu
pfeifen. Ich ging an ein paar Leuten auf der Straße
vorbei, aber sie kümmerten sich alle um ihre eigenen
Angelegenheiten.

Ich bog um die Ecke in meine Straße und sah den
Kater meines Nachbarn, Mr. Whiskers, auf meiner
Veranda sitzen. Ich grüßte ihn, und er miaute zurück.
Ich **schloss** meine Tür auf und ging hinein. Ich war so
froh, zu Hause zu sein. Ich zog meine Schuhe aus und
machte mich bettfertig. Ich ging an diesem Abend mit
einem Gefühl von Glück und Dankbarkeit ins Bett, mein
Herz war voller Liebe. Ich schlief die ganze Nacht durch
und machte mir keine Sorgen.

paar vogels die in de bomen tjilpen. Ik haal diep **adem** en glimlach. Terwijl ik door het park loop, zie ik een vallende ster door de lucht scheren. Ik doe een wens op die ster, en loop verder. Ik denk aan mijn dag op het werk en hoe **vredig** het was. Ik glimlach in mezelf, denkend aan hoe gelukkig ik ben dat ik zo'n geweldige baan heb. Ik loop naar huis en **voel** de koele nachtlucht op mijn huid. Ik voel me zo levendig en gelukkig, gewoon genietend van de eenvoudige handeling van het naar huis lopen op een vredige avond. Ik voelde me zo goed, dat ik begon te **fluiten**. Ik liep langs een paar mensen op straat, maar ze bemoeiden zich allemaal met hun eigen zaken.

Ik draaide de hoek van mijn straat om en zag de kat van mijn buren, Mr. Whiskers, op mijn veranda zitten. Ik zei hem gedag en hij miauwde terug. Ik **deed** mijn deur **van het slot** en ging naar binnen. Ik was zo blij om thuis te zijn. Ik trok mijn schoenen uit en maakte me klaar om naar bed te gaan. Ik ging die avond naar bed met een blij en dankbaar gevoel, mijn hart vol liefde. Ik sliep de hele nacht rustig door, zonder me ergens zorgen over te maken.

Fragen zum Verständnis

1. Was machte der Protagonist, als die Geschichte begann?

2. Woran hat der Protagonist auf dem Heimweg gedacht?

3. Was hat der Protagonist nach der Schule mit seinen Freunden gemacht?

4. Was vermisst der Protagonist aus dieser Zeit?

5. Was denkt der Protagonist über sein derzeitiges Leben?

6. Was tut der Protagonist, wenn er eine Sternschnuppe sieht?

7. Wie fühlt sich der Protagonist, wenn er nach Hause geht?

8. Was macht der Protagonist, wenn er nach Hause kommt?

9. Wie fühlt sich der Protagonist, wenn er am nächsten Morgen aufwacht?

10. Was macht der Protagonist am nächsten Tag?

Begrip vragen

1. Wat was de hoofdpersoon aan het doen toen het verhaal begon?

2. Waar dacht de hoofdpersoon aan toen hij naar huis liep?

3. Wat deed de hoofdpersoon vroeger met vrienden na school?

4. Wat mist de hoofdpersoon van die tijd?

5. Wat vindt de hoofdpersoon van zijn huidige leven?

6. Wat doet de hoofdpersoon als hij een vallende ster ziet?

7. Hoe voelt de hoofdpersoon zich als ze naar huis lopen?

8. Wat doet de hoofdpersoon als ze thuiskomen?

9. Hoe voelt de hoofdpersoon zich als hij de volgende ochtend wakker wordt?

10. Wat doet de hoofdpersoon de volgende dag?

Das Schloss

Die Familie wollte schon immer ein altes Schloss in **Deutschland** besichtigen, und schließlich machten sie sich auf den Weg. Sie wurden nicht **enttäuscht**. Das Schloss war wunderschön, und sie genossen es, die vielen Räume und Gänge zu erkunden. Das erste, was ihnen auffiel, war der Geruch. Sie fanden **Schimmel**, Feuchtigkeit und etwas anderes, das sie nicht genau zuordnen konnten. Das zweite war der Klang. Steinmauern sind zwar dick, aber sie dämpfen den Schall nicht vollständig. Sie hörten jeden Schritt, jedes Wort, das mit normaler Stimme gesprochen wurde, und das gelegentliche Tröpfeln von Wasser **irgendwo** in der Ferne. Als sich ihre Augen an das schwache Licht gewöhnt hatten, sahen sie um sich herum massive Steinwände, an denen Wandteppiche in **Fetzen** hingen. Sie befanden sich in einer riesigen Halle mit einer hohen Decke, die von geschnitzten Säulen getragen wurde. Auch die Aussicht von den Türmen gefiel ihnen, und die Kinder hatten viel Spaß beim Herumtollen auf dem Gelände. Als sie mit der Erkundung des Schlosses fertig waren, ging die **Sonne** bereits unter, und sie bedauerten, dass sie keine **Taschenlampe** mitgenommen hatten. Sie beschlossen, sich auf den Rückweg zum Eingang zu machen, aber sie hatten sich bald verlaufen. Sie irrten gefühlte Stunden umher,

Het kasteel

De familie had altijd al eens een oud kasteel in
Duitsland willen bezoeken, en eindelijk hebben ze
de reis gemaakt. Ze werden niet **teleurgesteld**. Het
kasteel was prachtig, en ze genoten van het verkennen
van de vele kamers en gangen. Het eerste wat hen
trof was de geur. Ze vonden **schimmel**, vochtigheid,
en iets anders waar ze hun vinger niet op konden
leggen. Het tweede was het geluid. Stenen muren
zijn dik, maar ze dempen het geluid niet volledig.
Ze hoorden elke voetstap, elk woord dat met een
normale stem werd gesproken, en af en toe een
druppeltje water **ergens** in de verte. Toen hun ogen
zich aanpasten aan het zwakke licht, zagen zij overal
om hen heen massieve stenen muren opdoemen,
waaraan wandtapijten in flarden hingen. Ze stonden in
een enorme hal met een hoog plafond, ondersteund
door gebeeldhouwde pilaren. Ze hielden ook van het
uitzicht vanaf de torentjes, en de kinderen vermaakten
zich met rondrennen over het terrein. De **zon** begon
al onder te gaan tegen de tijd dat ze klaar waren met
het verkennen van het kasteel, en ze betreurden
het dat ze geen **zaklamp** hadden meegenomen. Ze
besloten om terug te gaan naar de ingang, maar al
snel waren ze verdwaald. Ze dwaalden urenlang rond,
tot ze eindelijk een deur tegenkwamen die naar buiten

bis sie schließlich auf eine Tür stießen, die nach draußen führte. Sie gingen weiter, bis sie das Ende des Flurs **erreichten** und vor einer imposanten Doppeltür standen. So sehr sie sich auch bemühten, die Türen rührten sich nicht. Sie klapperten **bedrohlich**, aber sie bewegten sich keinen Zentimeter. Es sah so aus, als ob derjenige, der vorher hier war, hier durchgegangen sein musste und sie von innen verriegelt hatte. Schließlich fanden sie einen Weg nach draußen. Erleichterung überkam sie, als sie in die kühle Nachtluft hinaustraten.

Die Sonne begann unterzugehen, und sie **bedauerten,** dass sie keine Taschenlampe mitgenommen hatten. Sie beschlossen, sich auf den Weg zurück zum Eingang zu machen, aber sie hatten sich bald verlaufen. Sie irrten gefühlte Stunden umher, bis sie schließlich auf eine Tür stießen, die **nach draußen** führte. Erleichterung machte sich in ihnen breit, als sie in die kühle Nachtluft hinaustraten. Am nächsten Abend nahmen sie auf jeden Fall eine Taschenlampe mit, um den Rest des Schlosses zu erkunden. Sie gingen durch den **Innenhof** und hinunter zum Fluss, der hinter den Schlossmauern verlief. Als sie umhergingen, hörten sie seltsame Geräusche. Es klang, als würde sie jemand verfolgen. Sie beschleunigten ihren Schritt, aber die Geräusche wurden lauter und kamen näher. Die Familie rannte so schnell sie konnte zum Schloss zurück und war erleichtert, dass die Gestalt in dem **dunklen** Mantel ihnen nicht gefolgt war.

leidde. Ze liepen door tot ze **aan het** eind van de gang kwamen bij een imposant stel dubbele deuren. Hoe ze ook probeerden, de deuren wilden niet bewegen. Ze rammelden **onheilspellend**, maar bewogen geen centimeter. Het leek erop dat degene die hier eerder was, hier doorheen was gegaan en ze van binnenuit had afgesloten. Uiteindelijk vinden ze een uitweg. Opluchting overspoelde hen toen ze naar buiten stapten in de koele nachtlucht.

De zon begon onder te gaan en zij **betreurden het** dat zij geen zaklamp hadden meegenomen. Ze besloten terug te gaan naar de ingang, maar al gauw waren ze verdwaald. Ze dwaalden urenlang rond, tot ze eindelijk een deur tegenkwamen die **naar buiten** leidde. Opluchting overviel hen toen ze naar buiten stapten in de koele nachtlucht. De volgende avond namen ze een zaklamp mee om de rest van het kasteel te verkennen. Ze liepen over de **binnenplaats** en naar de rivier die achter de kasteelmuren stroomde. Terwijl ze rondliepen, begonnen ze vreemde geluiden te horen. Het klonk alsof iemand hen volgde. Ze versnelden hun pas, maar de geluiden werden luider en dichterbij. De familie rende zo snel als ze konden terug naar het kasteel, en ze waren opgelucht toen ze zagen dat de figuur in de **donkere** mantel hen niet was gevolgd.

Fragen zum Verständnis

1. Was hat die Familie getan, als sie sich im Schloss verlaufen hat?

2. Wie hat sich die Familie gefühlt, als sie erfuhr, dass es sich nur um einen Einheimischen handelte?

3. Was hat der Mann getan, dass man ihn verhaftet hat?

4. Wie lautete das Urteil für den Mann?

5. Welches Geräusch hat die Familie gehört, während sie spazieren ging?

6. Wo war die Gestalt in dem dunklen Mantel, als die Familie sie sah?

7. Was hat die Familie getan, als sie in ihr Zimmer zurückkam?

8. Wann hat die Familie das Schloss wieder erkundet?

9. Was war das, was die Familie nicht ausmachen konnte?

10. Was hat die Familie getan, bevor sie das Schloss wieder erkundet hat?

Begrip vragen

1. Wat deed de familie toen ze verdwaald waren in het kasteel?

2. Hoe voelde de familie zich toen ze erachter kwamen dat het gewoon een lokale man was?

3. Wat heeft de man gedaan waardoor hij gearresteerd is?

4. Wat was de straf voor de man?

5. Welk geluid hoorde de familie tijdens de wandeling?

6. Waar was de figuur in de donkere mantel toen de familie hem zag?

7. Wat deed de familie toen ze terugkwamen in hun kamer?

8. Wanneer ging de familie het kasteel weer verkennen?

9. Wat was het ding waar de familie hun vinger niet op konden leggen?

10. Wat deed de familie voordat ze weer op verkenning gingen in het kasteel?

Mein Garten

Mein Garten ist mein Lieblingsplatz. Ich gehe jeden Tag hinaus, egal ob es regnet oder scheint, und verbringe Zeit damit, meine Pflanzen zu pflegen. Ich habe von **allem ein** bisschen - **Gemüse**, Obst, Blumen, Kräuter. Ich habe sogar ein paar Hühner, die mir helfen, die Schädlinge in Schach zu halten. Ich beginne meine Tage im Garten, indem ich den Hühnern Eier abhole. Dann schaue ich nach meinem Gemüse und stelle sicher, dass es genug Wasser und Sonne bekommt. Ich jäte Unkraut auf den Beeten und entferne Ungeziefer, das die Pflanzen **angreifen** könnte. Wenn **alles erledigt** ist, lehne ich mich zurück und genieße den Frieden und die Ruhe der Natur.

Ich habe schon immer gerne Zeit in meinem Garten verbracht. Es hat etwas, von der Natur und all der **Schönheit**, die sie zu bieten hat, umgeben zu sein. Ich empfinde ihn als einen sehr friedlichen und beruhigenden Ort. Ich verbringe oft Zeit in meinem Garten, um mich zu entspannen und die Landschaft zu genießen. Ich arbeite auch gerne in meinem Garten und baue Dinge an. Ich habe einen ziemlich großen Garten, in dem ich gerne **verschiedene** Dinge anbaue. Ich baue Blumen, **Gemüse** und Kräuter an. Ich habe auch ein paar Obstbäume, die leckere Äpfel, Birnen

Mijn tuin

Mijn tuin is mijn geluksplek. Ik ga er elke dag heen, regen of zonneschijn, en besteed tijd aan het verzorgen van mijn planten. Ik heb een beetje van **alles:** **groenten**, fruit, bloemen, kruiden. Ik heb zelfs een paar kippen die helpen het ongedierte op afstand te houden. Ik begin mijn dagen in de tuin met het rapen van eieren bij de kippen. Dan controleer ik mijn groenten en zorg ervoor dat ze genoeg water en zon krijgen. Ik wied de bedden en verwijder insecten die de planten kunnen **aanvallen**. Als **alles** is gedaan, leun ik achterover en geniet van de rust en stilte van de natuur.

Ik heb altijd graag tijd doorgebracht in mijn tuin. Er is iets met het omringd zijn door de natuur en al het **moois** dat zij te bieden heeft. Ik vind het een heel vredige en kalmerende plek. Ik breng vaak tijd door in mijn tuin, gewoon om te ontspannen en te genieten van het landschap. Ik geniet er ook van om in mijn tuin te werken en dingen te kweken. Ik heb een behoorlijk grote tuin, en ik kweek er graag **verschillende** dingen in. Ik kweek bloemen, **groenten** en kruiden. Ik heb ook een paar fruitbomen die heerlijke appels, peren en pruimen voortbrengen. Naast het kweken van dingen, vind ik het ook leuk om gewoon in mijn tuin rond te lopen en de verschillende planten en dieren te

und Pflaumen hervorbringen. Ich baue nicht nur Dinge an, sondern verbringe auch gerne Zeit damit, durch meinen Garten zu spazieren und all die verschiedenen Pflanzen und Tiere zu **bewundern**, die dort zu Hause sind. Im Laufe der Jahre habe ich viele Stunden damit verbracht, meinen **Garten** zu einem Ort zu machen, der nicht nur schön, sondern auch funktional ist. Ich liebe es, den Vögeln beim Herumfliegen zuzusehen und ihnen beim Singen zuzuhören. Manchmal nehme ich sogar ein Buch mit und lese im Garten, während ich von all der Schönheit umgeben bin, die ich geschaffen habe. **Gartenarbeit** ist meine Leidenschaft und bringt mir so viel Freude. Jeder Tag in meinem Garten ist ein guter Tag.

Eine meiner Lieblingsbeschäftigungen ist das Kochen, daher ist ein gut bestückter Kräutergarten für mich sehr **wichtig**. Thymian, Basilikum, Oregano, Rosmarin, Salbei und Lavendel sind nur einige der Kräuter, die ich gerne in meinem Garten anbaue, damit ich sie beim Kochen für mich oder für **Gäste** verwenden kann. Ein weiterer wichtiger Punkt in meinem Garten ist, dass er viel Farbe hat. Um dieses Ziel zu erreichen, baue ich eine Vielzahl von Blumen an, darunter **Rosen**, Lilien, Gänseblümchen, Tulpen, Impatiens, Ringelblumen, usw. Zusätzlich zu den Blumen, die für Farbe sorgen, verwende ich auch gerne verschiedene **Texturen** im Garten, um ihn interessanter zu gestalten.

bewonderen die er wonen. Ik heb in de loop der jaren vele uren besteed om van mijn **tuin** een plek te maken die niet alleen mooi is, maar ook functioneel. Ik kijk graag naar de vogels die rondfladderen en luister naar hun gezang. Soms haal ik zelfs een boek tevoorschijn en lees in de tuin terwijl ik omringd ben door al het moois dat ik heb gecreëerd. **Tuinieren** is mijn passie en het brengt me zoveel vreugde. Elke dag in mijn tuin is een goede dag.

Een van de dingen die ik graag doe is koken, dus een goed gevulde kruidentuin is erg **belangrijk** voor me. Tijm, basilicum, oregano, rozemarijn, salie en lavendel zijn slechts enkele van de kruiden die ik graag in mijn tuin kweek, zodat ik ze kan gebruiken bij het bereiden van maaltijden voor mezelf of voor **gasten**. Wat ik ook belangrijk vind in mijn tuin is dat er veel kleur in zit. Om dit doel te bereiken, kweek ik een grote verscheidenheid aan bloemen, waaronder **rozen**, lelies, madeliefjes, tulpen, impatiens, goudsbloemen, enz. Naast het toevoegen van kleur met bloemen, vind ik het ook leuk om verschillende **texturen te** gebruiken in de tuin.

Fragen zum Verständnis

1. Wo befindet sich der Garten des Autors?

2. Wie viele Hühner hat der Autor?

3. Was macht der Autor jeden Tag im Garten?

4. Warum gefällt dem Autor der Garten?

5. Welche Kräuter pflanzt der Autor in seinem Garten an?

6. Warum ist es für den Autor wichtig, dass es in seinem Garten viele Farben gibt?

7. Wie bringt der Autor Abwechslung in seinen Garten?

8. Wie fühlt sich der Autor, wenn er in seinem Garten arbeitet?

9. Wodurch fühlt sich der Autor verbunden, wenn er in seinem Garten ist?

10. Warum ist jeder Tag im Garten des Autors ein guter Tag?

Begrip vragen

1. Waar is de tuin van de auteur?

2. Hoeveel kippen heeft de schrijver?

3. Wat doet de schrijver elke dag in de tuin?

4. Waarom houdt de auteur van de tuin?

5. Welke kruiden plant de auteur in de tuin?

6. Waarom is het belangrijk voor de auteur dat er veel kleuren in zijn tuin zijn?

7. Hoe brengt de auteur afwisseling in zijn tuin?

8. Hoe voelt de schrijver zich als hij in zijn tuin werkt?

9. Waardoor voelt de auteur zich verbonden als hij in zijn tuin is?

10. Waarom is elke dag in de tuin van de auteur een goede dag?

Einkaufen gehen

Ich gehe gerne im Einkaufszentrum einkaufen. Es macht immer so viel Spaß, herumzulaufen und sich all die verschiedenen Geschäfte anzuschauen. Im Einkaufszentrum ist für jeden etwas dabei, und es ist immer ein guter Ort, um Angebote für Kleidung, Schuhe und Accessoires zu finden. **Normalerweise** beginne ich meinen Einkaufsbummel, indem ich durch den **Haupteingang** des Einkaufszentrums gehe. Von dort aus gehe ich zuerst zu meinen Lieblingsgeschäften. Nachdem ich in diesen Geschäften gestöbert habe, laufe ich herum und schaue, ob es in anderen Geschäften Sonderangebote gibt. Normalerweise verbringe ich ein paar Stunden im Einkaufszentrum, bevor ich meine Einkäufe tätige. Ich nehme mir beim Einkaufen immer gerne Zeit, **weil** ich sichergehen will, dass ich **genau** das bekomme, was ich will. Außerdem macht es auf diese Weise einfach mehr Spaß!

Ich finde es immer **faszinierend**, die Leute zu beobachten, wenn ich im Einkaufszentrum bin. An der Art und Weise, wie sie einkaufen, kann man wirklich viel über eine Person erkennen. Manche Leute gehen sehr methodisch vor und lassen sich Zeit, während andere einfach **alles zu** nehmen scheinen, **was sie kriegen** können, und so schnell wie möglich zur Kasse

Gaan winkelen

Ik hou ervan om te gaan **winkelen** in het
winkelcentrum. Het is altijd zo leuk om rond te lopen
en naar alle verschillende winkels te kijken. Er is
voor elk wat wils in het winkelcentrum, en het is altijd
een geweldige plek om deals te vinden voor kleren,
schoenen en accessoires. Ik begin mijn shoppingtrip
meestal met een wandeling door de **hoofdingang** van
het winkelcentrum. Van daaruit ga ik eerst naar mijn
favoriete winkels. Na het bekijken van die winkels,
loop ik rond en kijk of er een verkoop gaande is op
andere plaatsen. Meestal ben ik wel een paar uur in het
winkelcentrum voordat ik eindelijk mijn aankopen doe.
Ik neem altijd graag mijn tijd als ik ga winkelen, **want** ik
wil zeker weten dat ik **precies** krijg wat ik wil. Plus, het
is gewoon leuker op die manier!

Ik vind het altijd zo **fascinerend** om mensen te kijken
als ik in het winkelcentrum ben. Je kunt echt veel
over een persoon vertellen door de manier waarop ze
winkelen. Sommige mensen zijn heel methodisch en
nemen hun tijd, terwijl anderen gewoon lijken te grijpen
wat ze kunnen en zo snel mogelijk naar de kassa gaan.
Er zijn ook shoppers die meer geïnteresseerd lijken
te zijn in het praten op hun mobieltje of in sms'en dan
in het bekijken van de koopwaar! Het maakt echter

gehen. Es gibt auch Leute, die mehr daran interessiert sind, mit ihrem Handy zu telefonieren oder SMS zu schreiben, als sich die Waren anzusehen! Aber egal, welche Art von Käufer man ist, jeder scheint einen Schaufensterbummel zu genießen - auch wenn man nichts kauft. Der Anblick all der schönen Dinge in den **Schaufenstern** macht mich einfach glücklich. Manchmal stelle ich mir vor, wie es wäre, wenn ich mir **alles, was** ich sehe, leisten könnte! Alles in allem ist ein Einkaufstag im Einkaufszentrum eine meiner Lieblingsbeschäftigungen. Es ist eine tolle Möglichkeit, sich zu entspannen und zu relaxen und sich dabei auch noch ein bisschen zu bewegen (wenn man genug läuft). Außerdem ist es **immer** schön, sich hin und wieder ein neues Hemd oder ein Paar Schuhe zu gönnen!

Ich hatte einen **langen** Arbeitstag und endlich etwas Zeit für mich, also beschloss ich, im Einkaufszentrum einkaufen zu gehen. Ich brauchte ein paar neue Kleider für die **kommende** Saison. Sobald ich das Einkaufszentrum betrat, sah ich all die hellen Lichter und die glänzenden Schaufensterfronten. Ich ging zuerst in mein Lieblingsgeschäft und stöberte durch die Regale. Ich fand ein paar schöne Oberteile und probierte sie in der Umkleidekabine an. Als ich mich im Spiegel betrachtete, hörte ich, wie jemand in die Umkleidekabine neben mir kam. Ich erkannte die Stimme als eine meiner Kolleginnen. Wir begrüßten uns und begannen über die Arbeit zu plaudern.

niet uit wat voor soort shopper je bent, iedereen lijkt te genieten van window shopping - zelfs als je niet echt iets koopt. Er is gewoon iets aan het kijken naar al die mooie dingen in de **etalages** dat me gelukkig maakt. Soms fantaseer ik over hoe het zou zijn als ik me **alles** kon veroorloven wat ik zie! Al met al is een dagje winkelen in het winkelcentrum een van mijn favoriete bezigheden. Het is een geweldige manier om te ontspannen en tot rust te komen, terwijl je ook een beetje beweging krijgt (als je maar genoeg rondloopt). Bovendien is het **altijd** leuk om jezelf af en toe te trakteren op een nieuw shirt of een paar schoenen!

Ik had een **lange** dag op het werk en had eindelijk wat tijd voor mezelf, dus besloot ik te gaan winkelen in het winkelcentrum. Ik had wat nieuwe kleren nodig voor het **komende** seizoen. Zodra ik binnenkwam, zag ik al die felle lichten en glimmende etalages. Ik ging eerst naar mijn favoriete winkel en begon door de rekken te snuffelen. Ik vond een paar leuke topjes en paste ze in de kleedkamer. Terwijl ik mezelf in de spiegel bekeek, hoorde ik iemand de kleedkamer naast de mijne binnenkomen. Ik herkende zijn stem als een van mijn collega's. We zeiden hallo en begonnen te kletsen over het werk.

Fragen zum Verständnis

1. Wo lagern Sie am liebsten?

2. Welches ist Ihr Lieblingsgeschäft im Einkaufszentrum?

3. Wie lange bleiben Sie normalerweise im Einkaufszentrum?

4. Was denken Sie über Menschen, die viel Zeit im Einkaufszentrum verbringen?

5. Was machst du am liebsten in einem Einkaufszentrum?

6. Haben Sie schon einmal etwas im Einkaufszentrum gekauft, obwohl Sie es nicht wirklich brauchten?

7. Wie reagieren Sie, wenn Sie im Einkaufszentrum etwas sehen, das Ihnen wirklich gefallen würde, aber zu teuer ist?

8. Haben Sie schon einmal etwas im Einkaufszentrum gesehen und sich gefragt, wer es wohl kaufen würde?

9. Was halten Sie von Leuten, die im Einkaufszentrum mit ihren Handys beschäftigt sind, anstatt sich die Geschäfte anzusehen?

Begrip vragen

1. Waar sla je het liefst op?

2. Wat is je favoriete winkel in het winkelcentrum?

3. Hoe lang blijft u meestal in het winkelcentrum?

4. Wat vind je van mensen die veel tijd in het winkelcentrum doorbrengen?

5. Wat is uw favoriete bezigheid in het winkelcentrum?

6. Heb je ooit iets gekocht in het winkelcentrum terwijl je het niet echt nodig had?

7. Hoe reageert u als u in het winkelcentrum iets ziet dat u heel graag zou willen hebben, maar dat te duur is?

8. Heb je ooit iets in het winkelcentrum gezien en je afgevraagd wie het zou kopen?

9. Wat vindt u van mensen die in het winkelcentrum met hun mobieltje bezig zijn in plaats van naar de winkels te kijken?

Auf dem Markt

Am Samstagmorgen wache ich früh auf und will unbedingt auf den **Markt**, bevor es zu voll wird. Ich ziehe mir etwas an und gehe zur Tür hinaus, wobei ich unterwegs meine wiederverwendbaren Taschen mitnehme. Auf dem Weg dorthin überlege ich, was ich in der kommenden Woche zubereiten möchte. Ich weiß, dass ich mindestens einmal Gemüse **braten** will, also muss ich gutes Gemüse kaufen. Außerdem möchte ich eine Suppe oder einen Eintopf kochen, also muss ich auch etwas Fleisch kaufen. Ich muss sehen, was gut aussieht, wenn ich dort bin. Der Markt ist nur ein paar Häuserblocks entfernt, und ich sehe schon die aufgebauten Stände und die **Menschen, die** sich dort tummeln.

Ich komme auf dem Markt an und steuere direkt auf den Gemüsestand zu. Die Auswahl ist großartig, und ich fülle meine Taschen mit einer Vielzahl von **frischen** Produkten. Ich unterhalte mich ein wenig mit dem Bauern, und er empfiehlt mir einige Rezepte. Ich bin gespannt darauf, sie auszuprobieren. Beim Einkaufen plaudere ich mit den **Landwirten** und lerne sie und ihre Produkte kennen. Nachdem ich alles Gemüse eingekauft habe, was ich brauche, gehe ich zur Fleischabteilung. Hier bin ich etwas zögerlicher,

Op de markt

Ik sta op zaterdagochtend vroeg op, popelend om naar de **markt te gaan** voordat het te druk wordt. Ik trek wat kleren aan en ga de deur uit, terwijl ik onderweg mijn herbruikbare tassen pak. Terwijl ik loop, begin ik te plannen wat ik de komende week wil maken. Ik weet dat ik minstens één keer groenten wil **roosteren**, dus ik moet wat groenten van goede kwaliteit kopen. Ik wil ook een soep of stoofpot maken, dus ik moet ook wat vlees kopen. Ik zal moeten kijken wat er goed uitziet als ik daar ben. De markt is maar een paar straten verderop, en ik zie de kraampjes al staan en de **mensen al rondlopen**.

Ik kom aan op de markt en ga meteen naar de groentekraam. Het aanbod is prachtig en ik vul mijn tassen met een verscheidenheid aan **verse** producten. Ik maak een praatje met de boer en hij raadt me een paar recepten aan. Ik ben enthousiast om ze uit te proberen. Ik maak een praatje met de **boeren** terwijl ik aan het winkelen ben en leer hen en hun producten kennen. Als ik alle groenten heb die ik nodig heb, ga ik naar de vleesafdeling. Ik aarzel een beetje, omdat ik niet zeker weet wat ik wil hebben. Uiteindelijk kies ik voor kip, omdat dat veelzijdig is en in allerlei gerechten kan worden gebruikt. Ik koop

da ich mir nicht sicher bin, was ich kaufen möchte. Schließlich entscheide ich mich für Hühnerfleisch, weil es vielseitig ist und für eine Vielzahl von Gerichten verwendet werden kann. Ich kaufe auch verschiedene Fleischsorten, wobei ich darauf achte, dass ich Rindfleisch aus Weidehaltung und **Huhn** aus Freilandhaltung kaufe. Der Metzger war ein freundlicher Mann, der trotz seiner langen Arbeitszeiten immer gut gelaunt war. Er wickelte meine Hühnerbrust und mein Steak ein und plauderte mit mir über seine Pläne für das Wochenende. Ich verabschiedete mich von ihm und setzte meinen Weg fort. Ich kaufte auch noch ein paar Eier und Käse aus der Molkereiabteilung.

Auf dem Markt herrschte reges Treiben, und alle wollten die frischen Produkte und das Fleisch, die angeboten wurden, kaufen. Die Luft war dick mit dem Geruch von Knoblauch und Zwiebeln, und das Lachen und die Gespräche erfüllten die Luft. Ich bahnte mir einen Weg durch die Menge und suchte mir die anderen Artikel für meinen Wocheneinkauf aus. Ich füllte meinen **Korb** mit Obst und Gemüse, Nudeln und Brot, bevor ich mich auf den Weg zur Kasse machte. Die Schlange war lang, aber sie bewegte sich schnell. Schließlich waren die letzten **Lebensmittel** eingekauft, und es war Zeit, nach Hause zu fahren. Das Auto wurde beladen, und die Fahrt nach Hause war lang und mühsam. Der Verkehr war dicht, und die Hitze war drückend.

ook een paar verschillende stukken vlees, en zorg ervoor dat ik grasgevoerd rundvlees en **scharrelkip koop**. De slager was een vriendelijke man, altijd vrolijk ondanks de lange uren die hij werkte. Hij pakte mijn kippenborst en biefstuk in voordat hij met me praatte over zijn weekendplannen. Ik nam afscheid van hem en vervolgde mijn weg. Ik heb ook nog wat eieren en kaas meegenomen uit de zuivelafdeling.

Het krioelde van de mensen op de markt, die allemaal stonden te popelen om de verse producten en het vlees dat werd aangeboden in **handen te** krijgen. De lucht hing vol met de geur van knoflook en uien, en het geluid van gelach en gesprekken vulde de lucht. Ik baande me een weg door de menigte en zocht de andere dingen uit die ik nodig had voor mijn wekelijkse boodschappen. Ik vulde mijn **mandje** met fruit en groenten, pasta en brood, voordat ik naar de kassa ging. De rij was lang, maar het ging snel. Eindelijk waren de laatste **boodschappen** gedaan, en was het tijd om naar huis te gaan. De auto werd volgeladen, en de rit naar huis was lang en moeizaam. Het verkeer was druk en de hitte was drukkend.

Fragen zum Verständnis

1. Wohin geht die Person?

2. Was möchte die Person kaufen?

3. Wie viele Taschen hat die Person?

4. Wie weit ist der Markt entfernt?

5. Was macht die Person im Moment?

6. Was ist alles auf dem Markt?

7. Wie viele Personen befinden sich auf dem Markt?

8. Wie lange hat die Person gebraucht, um alles zu kaufen?

9. Wie ist die Person nach Hause gegangen?

10. Was hat die Person getan, als sie nach Hause kam?

Begrip vragen

1. Waar gaat de persoon heen?

2. Wat wil de persoon kopen?

3. Hoeveel tassen heeft de persoon?

4. Hoe ver weg is de markt?

5. Wat doet de persoon op dit moment?

6. Wat is alles op de markt?

7. Hoeveel mensen zijn er op de markt?

8. Hoe lang heeft de persoon erover gedaan om alles te kopen?

9. Hoe is de persoon naar huis gegaan?

10. Wat deed de persoon toen hij of zij thuiskwam?

In einem Cafe

Es war ein kühler Herbstmorgen, und ich hatte mich mit meiner Freundin Lily in unserem Lieblingscafé auf einen Kaffee verabredet. Ich wickelte mich warm in meinen Mantel und meinen Schal ein und machte mich auf den Weg. Die Blätter fielen von den Bäumen, und die Luft war etwas frisch, aber die Sonne schien, und es versprach, ein schöner Tag zu werden. Während ich ging, **dachte ich** darüber nach, wie gut es war, eine Freundin wie Lily zu haben. Wir waren seit Jahren befreundet, seit wir uns an der **Universität** kennen gelernt hatten. Uns verband die Liebe zum Kaffee und zum Plaudern in Cafés. Obwohl wir inzwischen in verschiedenen Stadtteilen wohnten, trafen wir uns immer noch einmal in der Woche auf einen Kaffee. Als ich im Café ankam, war Lily schon da und wartete auf mich. Wir umarmten uns zur Begrüßung und bestellten unsere Kaffees. Wir suchten uns einen Tisch am Fenster und setzten uns, um zu plaudern. Der **Kaffee** war wie immer köstlich, und es war so schön, sich mit Lily zu unterhalten. Wir sprachen über unsere Woche, unsere Jobs und unsere Pläne für die Zukunft. Es war immer so einfach, mit Lily zu reden, und ich hatte das Gefühl, dass ich ihr alles sagen konnte. Nach einer Weile wurden wir hungrig und **beschlossen,** etwas zu essen zu bestellen.

In een café

Het was een kille **herfstochtend** en ik had met mijn vriendin Lily afgesproken in ons favoriete café voor een kopje koffie. Ik wikkelde me warm in mijn jas en sjaal en ging op weg. De bladeren vielen van de bomen en de lucht was een beetje fris, maar de zon scheen en het beloofde een mooie dag te worden. Terwijl ik liep, **dacht** ik aan hoe goed het was om een vriendin als Lily te hebben. We waren al jaren vriendinnen, sinds we elkaar op de **universiteit** ontmoetten. We kregen een band door onze voorliefde voor koffie en het kletsen in cafés. Ook al woonden we nu in verschillende delen van de stad, we kwamen nog steeds één keer per week samen om koffie te drinken. Ik kwam aan bij het café, en Lily zat daar al op me te wachten. We omhelsden elkaar en bestelden onze koffie. We vonden een tafeltje bij het raam en gingen zitten kletsen. De **koffie** was heerlijk, zoals altijd, en het was zo leuk om bij te praten met Lily. We spraken over onze week, onze banen, en onze plannen voor de toekomst. Het was altijd zo makkelijk om met Lily te praten, en ik had het gevoel dat ik haar alles kon vertellen. Na een tijdje begonnen we honger te krijgen en **besloten we** wat eten te bestellen.

We **bestelden** ons eten en zochten een plaatsje bij het raam. De zon scheen door het raam naar binnen,

Wir **bestellten** unser Essen und suchten uns einen Platz am Fenster. Die Sonne schien durch das Fenster herein und verlieh allem eine warme und fröhliche Atmosphäre. Wir unterhielten uns, während wir aßen, und genossen das einfache Vergnügen, in der **Gesellschaft** des anderen zu sein. Das Café war gut besucht, aber es fühlte sich nicht überfüllt an. Es lag ein Gefühl von Frieden und Zufriedenheit in der Luft. Als wir mit dem Essen fertig waren, saßen wir noch eine Weile und genossen die friedliche **Atmosphäre**. Wir unterhielten uns noch eine Weile über verschiedene Dinge, die in unserem Leben passiert waren. Es war so schön, sich mit meiner Freundin auszutauschen und einfach **zu entspannen**. Die Sonne schien durch das Fenster, und wir hatten das Gefühl, dass **nichts** unseren perfekten Tag stören konnte.

Plötzlich hörte ich ein lautes Krachen. Ich drehte mich um und sah, dass ein Mann durch die Decke gefallen war und vor uns auf dem Boden lag. Er war mit Staub und Trümmern **bedeckt** und schien bewusstlos zu sein. Mein Freund und ich standen beide unter Schock und starrten auf den Mann, der auf dem Boden lag. Wir wussten nicht, was wir tun oder wen wir um Hilfe bitten sollten. Wir saßen einfach da und starrten ihn an, ohne zu wissen, was wir tun sollten. Nach ein paar Minuten riss ich mich zusammen und rief 911 an. Die Telefonistin sagte mir, dass bald jemand da sein würde.

waardoor alles warm en gelukkig aanvoelde. We babbelden terwijl we ons eten aten, en genoten van het simpele plezier om in elkaars **gezelschap** te zijn. Het was druk in het café, maar het voelde niet druk aan. Er hing een gevoel van vrede en tevredenheid in de lucht. Toen we ons eten op hadden, bleven we nog een tijdje zitten, genietend van de vredige **sfeer**. We praatten een tijdje over verschillende dingen die in ons leven waren gebeurd. Het was zo fijn om bij te praten met mijn vriend en gewoon **te ontspannen**. De zon scheen door het raam, en het voelde alsof **niets** onze perfecte dag kon verpesten.

Plotseling hoorde ik een harde klap. Ik draaide me om en zag dat een man door het plafond was gevallen en voor ons op de grond lag. Hij was **bedekt** met stof en puin en leek bewusteloos te zijn. Mijn vriend en ik waren allebei in shock toen we naar de man staarden die op de grond lag. We wisten niet wat we moesten doen of wie we moesten bellen voor hulp. We zaten daar gewoon naar hem te staren, niet wetend wat te doen. Na een paar minuten kwam ik bij en belde 911. De telefoniste zei me dat er zo iemand zou komen.

Fragen zum Verständnis

1. Woher kommt der Mann, der durch das Dach fällt?

2. Warum ist die Frau mit ihrer Freundin im Café?

3. Welches ist das Lieblingscafé der beiden Freunde?

4. Wie lange kennen sich die beiden Freunde schon?

5. Was ist das Lieblingsgetränk der beiden Freunde?

6. In welcher Stadt leben die beiden Freunde?

7. Wie oft treffen sich die beiden Freunde?

8. Worüber sprechen die beiden Freunde, als sie sich zum ersten Mal in ihrem Lieblingscafé treffen?

9. Was ist das Lieblingsessen der beiden Freunde?

10. Warum ist es so einfach, mit Lily zu sprechen?

Begrip vragen

1. Waar komt de man vandaan die door het dak valt?

2. Waarom is de vrouw met haar vriendin in het café?

3. Wat is het favoriete café van de twee vrienden?

4. Hoe lang kennen de twee vrienden elkaar al?

5. Wat is het favoriete drankje van de twee vrienden?

6. In welke stad wonen de twee vrienden?

7. Hoe vaak ontmoeten de twee vrienden elkaar?

8. Waar hebben de twee vrienden het over als ze elkaar voor het eerst ontmoeten in hun favoriete café?

9. Wat is het lievelingseten van de twee vrienden?

10. Waarom is het zo makkelijk om met Lily te praten?

Schwimmen gehen

Der Pool war immer ein **erfrischender** Ort, und heute war es nicht anders. Die Sonne schien und das Wasser sah einladend aus. Ich holte tief Luft, tauchte ein und spürte die kühle Umarmung des Wassers. Ich schwamm eine Weile meine Runden, genoss die Bewegung und die Möglichkeit, den Kopf frei zu bekommen. Nach einer Weile stieg ich aus dem Wasser und trocknete mich ab, dann setzte ich mich auf ein Handtuch, um mich in der Sonne zu entspannen. Ich schloss die Augen und ließ die **Wärme** über mich ergehen, während sich meine Muskeln zu entspannen begannen. Plötzlich hörte ich ein Plätschern und öffnete die Augen, um meine kleine Schwester zu sehen, **die** im flachen Wasser herumplanschte. Ich lächelte und sah ihr eine Weile zu, dann stand ich auf und ging zu ihr hinüber. Wir unterhielten uns eine Weile, paddelten zusammen und genossen die Gesellschaft des anderen. Bald gesellten sich unsere Eltern zu uns, und wir verbrachten den Rest des Nachmittags mit Schwimmen und gemeinsamen Spielen. Es war immer schön, Zeit mit der Familie im Schwimmbad zu verbringen. **Der** Aufenthalt im Wasser scheint die Menschen zusammenzubringen. Vielleicht liegt es daran, dass wir alle gleich sind, wenn wir im Wasser sind - wir können unsere Schwächen nicht verstecken

Gaan zwemmen

Het zwembad was altijd een **verfrissende** plek om te zijn, en vandaag was dat niet anders. De zon scheen en het water zag er uitnodigend uit. Ik haalde diep adem en dook erin, de koele omhelzing van het water voelend. Ik zwom een tijdje baantjes, genoot van de beweging en de kans om mijn hoofd leeg te maken. Na een tijdje kwam ik eruit en droogde me af, waarna ik op een handdoek ging zitten om te relaxen in de zon. Ik sloot mijn ogen en liet de **warmte** over me heen spoelen, ik voelde mijn spieren ontspannen. Plotseling hoorde ik een plons en ik opende mijn ogen om mijn kleine zusje te zien **poedelen** in het ondiepe gedeelte. Ik glimlachte en keek een tijdje naar haar, stond toen op en liep naar haar toe. We kletsten wat en peddelden samen wat rond, genietend van elkaars gezelschap. Al snel kwamen onze ouders erbij, en we brachten de rest van de middag zwemmend en spelend door. Het was altijd zo leuk om tijd met de familie in het zwembad door te brengen. Er is **iets** met in het water zijn dat mensen samenbrengt. Misschien is het omdat we allemaal gelijk zijn als we in het water zijn - we kunnen onze gebreken niet verbergen of doen alsof we iets zijn wat we niet zijn. Of misschien is het gewoon omdat het leuk is! **Wat** de reden ook is, ik was gewoon blij dat we allemaal bij elkaar konden komen en van elkaars gezelschap

oder vorgeben, etwas zu sein, was wir nicht sind. Oder vielleicht liegt es einfach daran, dass es Spaß macht! **Was auch immer** der Grund ist, ich war einfach froh, dass wir alle zusammenkommen und die Gesellschaft des anderen an einem so besonderen Ort genießen konnten.

Die Sonne brannte auf meine Haut und der Geruch von Chlor lag in der Luft. Ich hörte das Lachen der Kinder, die im Pool planschten. Ich lag auf einem Liegestuhl neben dem Pool, genoss die Sonne und **den** Tag. Ich hatte meine Augen geschlossen und wollte gerade einschlafen, als ich hörte, wie jemand auf mich zukam. Ich öffnete meine Augen und sah eine Frau neben mir stehen. Sie trug einen Bikini und hatte sich ein Handtuch um die Taille geschlungen. Sie hatte langes blondes Haar und blaue Augen. In der Hand hielt sie ein Fläschchen mit **Sonnenschutzmittel**. "Stört es Sie, wenn ich Ihnen den Rücken eincreme?", fragte sie. "Nein, das ist in Ordnung", sagte ich und setzte mich auf, damit sie meinen Rücken erreichen konnte. Ich spürte ihre Hände auf meiner Haut, als sie die Sonnencreme auftrug.

konden genieten op zo'n speciale plek.

De zon scheen op mijn huid en de geur van chloor hing in de lucht. Ik kon de geluiden horen van lachende kinderen die in het zwembad spetterden. Ik lag op een ligstoel naast het zwembad, te genieten van de zon en **de** dag. Ik had mijn ogen gesloten en wilde net in slaap vallen toen ik iemand naar me toe hoorde lopen. Ik opende mijn ogen en zag een vrouw naast me staan. Ze droeg een bikini en had een handdoek om haar middel gewikkeld. Ze had lang blond haar en blauwe ogen. Ze hield een fles **zonnebrandcrème** in haar hand. "Vind je het erg als ik wat zonnebrandcrème op je rug smeer?" vroeg ze. "Nee, dat hoeft niet," zei ik, terwijl ik rechtop ging zitten zodat ze bij mijn rug kon. Ik voelde haar handen op mijn huid terwijl ze de zonnebrandcrème aanbracht.

Fragen zum Verständnis

1. Wo war der Erzähler, als er die Geschichte begann?

2. Was riecht der Erzähler, wenn er seine Augen öffnet?

3. Was hört der Erzähler, als er seine Augen öffnet?

4. Wem gehört die Sonnencreme, die die Frau dem Erzähler gibt?

5. Wovon träumt der Erzähler?

6. Warum ist das Schwimmen im Meer für den Erzähler so besonders?

7. wie fühlt sich das Wasser an, in dem der Erzähler schwimmt?

8. Was sieht der Erzähler, als er aus dem Wasser kommt?

9. Was tut die Frau, nachdem sie den Erzähler mit Sonnencreme eingecremt hat?

10. Worüber sprechen der Erzähler und die Frau am Ende der Geschichte?

Begrip vragen

1. Waar was de verteller toen hij het verhaal begon?

2. Wat ruikt de verteller als hij zijn ogen opent?

3. Wat hoort de verteller als hij zijn ogen opent?

4. Van wie is de zonnebrandcrème die de vrouw aan de verteller geeft?

5. Waar droomt de verteller over?

6. Waarom is zwemmen in de zee zo speciaal voor de verteller?

7. Hoe voelt het water aan waarin de verteller zwemt?

8. Wat ziet de verteller als hij uit het water komt?

9. Wat doet de vrouw nadat ze de verteller heeft ingesmeerd met zonnebrandcrème?

10. Waarover praten de verteller en de vrouw aan het eind van het verhaal?

Mähen des Rasens

Es ist 10 Uhr morgens an einem **Sommersamstag**, und die Sonne brennt bereits erbarmungslos auf die Erde. Sie stapfen in die Garage, um den Rasenmäher zu holen, und haben das Gefühl, dass Sie zu harter Arbeit **verurteilt werden**. Du fängst an, den Rasen zu mähen, wobei du darauf achtest, dass du schön langsam vorgehst, damit du keine Stelle übersiehst. Während du mähst, denkst du daran, wie gut es sich anfühlt, draußen an der frischen Luft zu sein. Als du den Rasenmäher hin und her schiebst, siehst du aus dem **Augenwinkel** deinen Nachbarn. Sie winken und grüßen, und er winkt zurück.

Nach ein paar Minuten sind Sie fertig und gehen zum Haus Ihres Nachbarn, um mit ihm im Vorgarten ein Bier zu trinken. Es ist ein **perfekter** Tag - nicht zu heiß, und es weht eine leichte Brise. Sie sitzen im Schatten des Baumes, nippen an Ihrem Bier und unterhalten sich mit Ihrem Nachbarn. Es sind Tage wie dieser, an denen man den Sommer zu schätzen weiß. Dann **gehen Sie** ins Haus, um ein wohlverdientes Bier zu trinken. Sie lassen sich in einen Stuhl auf der Veranda fallen, öffnen die Dose und lassen einen zufriedenen Seufzer los. Das Geräusch des Rasenmähers tritt

Het maaien van het gazon

Het is 10 uur 's ochtends op een zomerse **zaterdag**, en de zon schijnt al ongenadig. Je sjokt naar de garage om de grasmaaier te halen, met het gevoel dat je **veroordeeld bent** tot dwangarbeid. Je begint het gazon te maaien, en zorgt ervoor dat je het rustig aan doet, zodat je niets over het hoofd ziet. Terwijl je aan het maaien bent, denk je aan hoe goed het voelt om buiten in de frisse lucht te zijn. Terwijl u de maaier heen en weer over het gazon duwt, ziet u uw buurman vanuit uw **ooghoek**. Je zwaait en zegt hallo, en hij zwaait terug.

Na een paar minuten ben je klaar, en je gaat naar het huis van je buurman om met hem een biertje te drinken in de voortuin. Het is een **perfecte** dag - niet te warm, met een zacht briesje. Je zit daar in de schaduw van de boom, nipt van je biertje en kletst wat met je buurman. Het zijn dagen als deze die je de zomer doen waarderen. Dan **ga** je naar binnen voor een welverdiend biertje. Je ploft neer in een stoel op de veranda, trekt het blikje open en slaakt een tevreden zucht. Het geluid van de maaier verdwijnt naar de achtergrond terwijl je in de schaduw ontspant en geniet van de **rust** van het moment. Het bier smaakt extra goed na al dat harde werk in de hitte. Ik stond op het

in den Hintergrund, während du dich im Schatten
entspannst und die **Ruhe** des Augenblicks genießt. Das
Bier schmeckt besonders gut nach all der harten Arbeit
in der Hitze. Ich wollte gerade ins Haus gehen, als ich
nebenan ein Geräusch hörte.

Es **hörte sich an**, als ob jemand weinen würde.
Ich hörte auf zu mähen und ging zu dem Zaun, der
unsere Gärten trennte. Ich spähte hinüber und sah
meine Nachbarin, Mrs. Johnson, weinend auf ihrer
Verandaschaukel. Ich rief nach ihr, aber sie hörte
mich nicht. Ich kletterte über den Zaun und ging zu
ihr hinüber. "Mrs. Johnson, geht es Ihnen gut?" fragte
ich. Sie schaute mich mit Tränen in den Augen an
und schüttelte den Kopf. "Nein, mir geht es nicht gut",
sagte sie. "Meine Katze ist gestern gestorben." Ich
war schockiert. Ich wußte nicht, was ich sagen sollte.
Ich stand nur unbeholfen da und wusste nicht, was
ich tun sollte. Schließlich legte ich ihr die Hand auf die
Schulter und sagte: "Es tut mir so leid, Mrs. Johnson.
Wenn ich Ihnen irgendwie helfen kann, lassen Sie es
mich bitte wissen. "Sie schüttelte den Kopf und sagte:
"Nein, es gibt **nichts**, was man tun könnte." Dann stand
sie auf und ging in ihr Haus. Ich stand einen Moment
lang da und wusste nicht, was ich tun sollte. Dann
machte ich mich wieder ans Rasenmähen. Als ich fertig
war, musste ich unweigerlich an Frau Johnson und ihre
Katze denken.

punt om naar binnen te gaan toen ik een geluid hoorde bij de buren.

Het **klonk** alsof iemand huilde. Ik stopte met maaien en liep naar het hek dat onze tuinen scheidde. Ik keek om en zag mijn buurvrouw, mevrouw Johnson, huilen op haar schommelbank. Ik riep naar haar, maar ze hoorde me niet. Ik klom over het hek en liep naar haar toe. "Mevrouw Johnson, is alles goed met u?" vroeg ik. Ze keek met tranen in haar ogen naar me op en schudde haar hoofd. "Nee, het gaat niet goed met me," zei ze. "Mijn kat is gisteren gestorven." Ik was geschokt. Ik wist niet wat ik moest zeggen. Ik stond daar maar wat ongemakkelijk, niet wetend wat ik moest doen. Uiteindelijk legde ik mijn hand op haar **schouder** en zei: "Het spijt me zo, mevrouw Johnson. Als er iets is wat ik kan doen om te helpen, laat het me alsjeblieft weten. "Ze schudde haar hoofd en zei: Nee, er is **niets** dat iemand kan doen. Toen stond ze op en ging haar huis binnen. Ik stond daar een ogenblik, niet wetend wat te doen. Toen ging ik verder met het maaien van mijn gazon. Toen ik klaar was, moest ik denken aan mevrouw Johnson en haar kat.

Fragen zum Verständnis

1. Wie spät ist es?

2. Wo mäht die Person?

3. Wie fühlt sich die Person?

4. Warum muss die Person langsam mähen?

5. Was für ein Wetter ist es?

6. Was macht die Person nach dem Mähen?

7. Was hört die Person, bevor sie nach Hause geht?

8. Wer ist bei Mrs. Johnson?

9. Warum weint Mrs. Johnson?

10. Was sagt die Person zu Frau Johnson?

Begrip vragen

1. Hoe laat is het?

2. Waar is de persoon aan het maaien?

3. Hoe voelt de persoon zich?

4. Waarom moet de persoon langzaam maaien?

5. Wat voor weer is het?

6. Wat doet de persoon na het maaien?

7. Wat hoort de persoon voordat hij naar huis gaat?

8. Wie is er bij Mrs Johnson?

9. Waarom huilt Mrs Johnson?

10. Wat zegt de persoon tegen Mrs. Johnson?

Zum Haareschneiden

Ich wollte mir schon seit Wochen die Haare schneiden lassen, aber irgendwie habe ich es immer wieder aufgeschoben. Aber da **Weihnachten vor der** Tür stand, wusste ich, dass ich es nicht länger aufschieben konnte. Ich wollte beim Weihnachtsessen meiner Familie nicht wie ein schmuddeliges Häufchen Elend dastehen. Also machte ich mich am frühen Weihnachtsmorgen auf den Weg zum Friseur. Obwohl es noch früh war, war der Salon schon voll mit anderen Leuten, **die sich** für die Feiertage die Haare machen ließen. Ich nahm meinen Platz in der Schlange ein und wartete, bis ich an der Reihe war. Endlich war ich mit dem Stuhl dran. Die Friseurin, eine freundliche Frau namens Jill, fragte mich, was ich wollte. "Nur einen Trimmschnitt, nichts allzu Drastisches", antwortete ich. Jill machte sich an die Arbeit und schnippelte an meinem Haar herum. Während sie arbeitete, begann ich mich zu entspannen. Es war ein gutes Gefühl, mich endlich um mich selbst zu kümmern. In letzter Zeit war ich so sehr damit beschäftigt gewesen, mich um alle anderen zu kümmern, dass ich meine eigenen Bedürfnisse vernachlässigt hatte. Aber das war **vorbei**. Von nun an wollte ich mir Zeit für mich nehmen.

Naar de kapper

Ik wilde al weken naar de kapper, maar op de een of andere manier kon ik het steeds uitstellen. Maar met **Kerstmis voor de deur**, wist ik dat ik het niet langer kon uitstellen. Ik wilde niet op het kerstdiner van mijn familie verschijnen als een smerige puinhoop. Dus, vroeg op kerstochtend, ging ik naar de salon. Hoewel het nog vroeg was, was de salon al druk bezig met andere mensen **die** hun haar lieten doen voor de feestdagen. Ik nam plaats in de rij en wachtte op mijn beurt. Eindelijk was het mijn beurt in de stoel. De styliste, een vriendelijke vrouw die Jill heette, vroeg me wat ik wilde. "Gewoon een knipbeurt, niets te drastisch," antwoordde ik. Jill ging aan de slag en knipte mijn haar weg. Terwijl ze werkte, begon ik te ontspannen. Het voelde goed om eindelijk voor mezelf te zorgen. Ik had het de laatste tijd zo druk gehad met voor iedereen te zorgen, dat ik mijn eigen behoeften aan de kant had laten liggen. Maar **nu** niet **meer**. Van nu af aan, zou ik tijd voor mezelf maken.

Toen Jill klaar was, keek ik in de spiegel en was blij met wat ik zag. Mijn haar zag er netjes en gepolijst uit-perfect voor vakantie bijeenkomsten. Ik **bedankte** Jill en maakte een notitie om vaker terug te komen.

Als Jill fertig war, schaute ich in den Spiegel und war mit dem, was ich sah, zufrieden. Mein Haar sah ordentlich und glänzend aus - perfekt für Festtagsfeiern. Ich **bedankte mich bei** Jill und nahm **mir vor, öfter wiederzukommen.** Von nun an werde ich mich in erster Linie um mich selbst kümmern. Sie machte sich an die Arbeit und schnippelte an meinem Haar herum. Ich dachte darüber nach, wie dankbar ich war, dass ich endlich dazu gekommen war, mir die Haare schneiden zu lassen. Es war ein gutes Gefühl zu wissen, dass ich zum **Weihnachtsessen** vorzeigbar aussehen würde. Ich würde mir keine Sorgen mehr machen müssen, dass meine Familie mich wegen meines "ungepflegten" Aussehens hänseln würde. Nach ein paar Minuten war der Friseur mit dem Schneiden meiner Haare fertig und föhnte sie kurz. Ich schaute in den Spiegel und war zufrieden mit dem, was ich sah - ein gepflegtes Aussehen, das perfekt für das Weihnachtsessen sein würde. Jetzt, da der Haarschnitt erledigt war, konnte ich mich darauf konzentrieren, die Feiertage mit meiner Familie zu genießen. Und dafür war ich umso dankbarer.

Van nu af aan zal ik in de eerste plaats voor mezelf zorgen. Ze begon aan mijn haar te knippen. Ik dacht eraan hoe dankbaar ik was dat ik er eindelijk aan toe was gekomen om mijn haar te laten knippen. Het voelde goed om te weten dat ik er toonbaar uit zou zien voor **het kerstdiner**. Ik hoefde me geen zorgen meer te maken dat mijn familie me zou plagen over mijn "smerige" uiterlijk. Na een paar minuten was de styliste klaar met het knippen van mijn haar en föhnde ze me snel. Ik keek in de spiegel en was blij met wat ik zag: een strak geknipt kapsel dat perfect zou zijn voor het kerstdiner. Nu mijn kapsel achter de rug was, kon ik me concentreren op de feestdagen met mijn gezin. En daar was ik nog dankbaarder voor.

Fragen zum Verständnis

1. Was musste der Protagonist vor Weihnachten tun?

2. Wie hat sich die Protagonistin gefühlt, als sie für sich selbst sorgte?

3. Wer hat dem Protagonisten die Haare gestutzt?

4. Warum wollte die Familie der Protagonistin sie hänseln?

5. Wie hat sich die Protagonistin gefühlt, nachdem sie sich die Haare schneiden ließ?

6. Was hat die Protagonistin getan, nachdem sie sich die Haare schneiden ließ?

7. Wie hat die Familie der Protagonistin auf ihren Haarschnitt reagiert?

8. Was hat der Protagonist an Heiligabend gemacht?

9. Was hat die Erfahrung des Protagonisten zu etwas Besonderem gemacht?

10. Was würde passieren, wenn der Protagonist sich nicht die Haare schneiden ließe?

Begrip vragen

1. Wat moest de hoofdpersoon doen voor Kerstmis?

2. Hoe vond de hoofdpersoon het om voor zichzelf te zorgen?

3. Wie heeft het haar van de hoofdpersoon geknipt?

4. Waarom ging de familie van de hoofdpersoon haar plagen?

5. Hoe voelde de hoofdpersoon zich nadat ze naar de kapper was geweest?

6. Wat heeft de hoofdpersoon gedaan nadat ze naar de kapper is geweest?

7. Wat was de reactie van de familie van de hoofdpersoon op haar kapsel?

8. Wat deed de hoofdpersoon op kerstavond?

9. Wat maakte de ervaring van de hoofdpersoon specialer?

10. Wat zou er gebeuren als de hoofdpersoon niet naar de kapper zou gaan?

Der Park

Die Sonne ging gerade unter, und der Park war leer. Ich saß auf der Bank und wartete auf meine **Freundin**. Wir hatten uns vor einer Stunde hier verabredet, aber sie kam immer zu spät. Gerade als ich aufgeben und nach Hause gehen wollte, sah ich sie auf mich zulaufen. "Es tut mir so leid", keuchte sie, als sie die Bank erreichte. "Mein Zug **hatte Verspätung**." "Ist schon gut", sagte ich **verzeihend**. "Ich bin auch gerade erst gekommen." Wir setzten uns hin und unterhielten uns eine Weile, wobei wir uns über das Leben des jeweils anderen unterhielten, seit wir uns das letzte Mal gesehen hatten. Die Unterhaltung verlief **mühelos**, und es kam uns vor, als sei seit unserer letzten Begegnung überhaupt keine Zeit vergangen. Als die Sonne unterging, verabschiedeten wir uns und gingen unsere eigenen Wege. Das nächste Mal, als wir uns trafen, war es in einem anderen Park. Wieder war sie spät dran, aber das machte mir nichts aus. Es war schön, jemanden zum Reden zu haben, der mich **verstand**. Wir sprachen über unsere Träume und **Hoffnungen**, über die Dinge, die wir in unserem Leben tun wollten. Sie erzählte mir von ihren Plänen, die Welt zu bereisen, und ich erzählte von meinem Traum, Schriftstellerin zu werden. Als die Sonne an einem anderen Tag unterging, verabschiedeten wir uns noch einmal und

Het park

De zon ging onder, en het park was leeg. Ik zat op het bankje te wachten op mijn **vriendin**. We hadden hier al een uur geleden afgesproken, maar ze was altijd te laat. Net toen ik het wilde opgeven en naar huis wilde gaan, zag ik haar naar me toe rennen. "Het spijt me zo," hijgde ze toen ze de bank bereikte. "Mijn trein **had vertraging**." "Het is goed," zei ik **vergevingsgezind**. "Ik ben hier net zelf." We gingen zitten en praatten een poosje, praatten bij over elkaars leven sinds we elkaar voor het laatst zagen. Het gesprek verliep **vlot**, en het leek alsof er helemaal geen tijd was verstreken sinds we elkaar voor het laatst hadden gezien. Toen de zon onderging, namen we afscheid en gingen onze eigen weg. De volgende keer dat we elkaar zagen, was in een ander park. Weer was ze te laat, maar dat vond ik niet erg. Het was fijn om iemand te hebben om mee te praten die me **begreep**. We spraken over onze dromen en **aspiraties**, dingen die we wilden doen met ons leven. Zij vertelde me over haar plannen om de wereld rond te reizen, en ik deelde mijn droom om schrijfster te worden. Toen de zon weer onderging, namen we afscheid van elkaar en beloofden we elkaar dit keer te blijven zien.

Jaren gingen voorbij, en onze **vriendschap** bleef sterk,

versprachen, diesmal in Kontakt zu bleiben.

Die Jahre vergingen, und unsere **Freundschaft** blieb bestehen, obwohl wir jetzt in verschiedenen Teilen des Landes lebten. Wir hielten den Kontakt durch Briefe und gelegentliche Telefonate aufrecht und teilten uns gegenseitig die Neuigkeiten aus unserem Leben mit. Als sie ankündigte, dass sie heiraten würde, war ich nicht **überrascht** - sie war schon immer der **abenteuerlustige** Typ gewesen. Aber als sie mich fragte, ob ich ihre Trauzeugin bei ihrer Hochzeitsfeier sein würde, die am anderen Ende der Welt stattfand, musste ich sie erst einmal überzeugen! Letztendlich konnte ich jedoch nicht zulassen, dass meine beste Freundin ohne mich an ihrer Seite heiratet, und so **stimmte** ich trotz meiner Befürchtungen (und nach langem Bitten ihrerseits!) zu, das **Abenteuer** meines Lebens mitzumachen.

Endlich war der Tag der **Hochzeit** gekommen. Ich war nervös, aber auch aufgeregt, bei einem so wichtigen Moment im Leben meiner Freundin dabei zu sein. Die Zeremonie war wunderschön, und sie sah glücklich aus, als sie ihr Gelübde ablegte. **Danach** feierten wir mit einer großen Party - es schien, als ob jeder, den sie kannte, gekommen war, um mit ihr zu feiern! Es war ein **magischer** Tag, den ich nie vergessen werde, und unsere Freundschaft wurde nach diesem Abenteuer nur noch stärker.

ook al woonden we nu in verschillende delen van het land. We hielden contact door middel van brieven en af en toe telefoontjes, waarbij we nieuws over ons leven met elkaar deelden. Toen ze aankondigde dat ze ging trouwen, was ik niet **verbaasd** - ze was altijd al een **avontuurlijk** type geweest. Maar toen ze me vroeg of ik haar bruidsmeisje wilde zijn op haar huwelijksceremonie, dat halverwege de wereld zou plaatsvinden, van waar ik woonde... daar was wel wat overtuigingskracht voor nodig! Maar uiteindelijk kon ik mijn beste vriendin niet laten trouwen zonder mij aan haar zijde, dus ondanks mijn angsten (en na veel smeken van haar!) **stemde** ik ermee in om mee te gaan op wat het **avontuur** van mijn leven bleek te zijn.

De dag van de **bruiloft was** eindelijk aangebroken. Ik was nerveus, maar opgewonden om deel uit te maken van zo'n belangrijk moment in het leven van mijn vriendin. De ceremonie was prachtig, en ze zag er gelukkig uit toen ze haar geloften aflegde. **Daarna** vierden we het met een groot feest - het leek wel of iedereen die ze kende was gekomen om het met haar te vieren! Het was een **magische** dag die ik nooit zal vergeten, en onze vriendschap is na dat avontuur alleen maar sterker geworden.

Fragen zum Verständnis

1. Wo haben sich die Autorin und ihr Freund zum ersten Mal getroffen?

2. Warum kam der Freund des Autors zu spät zu ihrem Treffen?

3. Worüber sprachen die Freunde, als sie sich Jahre später wieder trafen?

4. Wie hat sich die Autorin gefühlt, als sie an der Hochzeitsfeier ihrer Freundin teilnahm?

5. Beschreiben Sie den Rahmen der Hochzeitszeremonie.

6. Wie hat sich die Freundschaft zwischen den beiden Frauen im Laufe der Zeit verändert?

7. Was ist der Traum des Autors?

8. Wohin plant der Freund des Autors zu reisen?

9. Warum hat die Autorin gezögert, an der Hochzeit ihrer Freundin teilzunehmen?

Begrip vragen

1. Waar hebben de auteur en haar vriendin elkaar voor het eerst ontmoet?

2. Waarom was de vriend van de auteur te laat op hun afspraak?

3. Waar hadden de vrienden het over toen ze elkaar jaren later weer ontmoetten?

4. Hoe vond de schrijfster het om de huwelijksceremonie van haar vriendin bij te wonen?

5. Beschrijf de omgeving van de huwelijksceremonie.

6. Hoe is de vriendschap tussen de twee vrouwen in de loop der tijd veranderd?

7. Wat is de droom van de auteur?

8. Waar is de vriend van de schrijver van plan heen te reizen?

9. Waarom aarzelde de schrijfster om de huwelijksceremonie van haar vriendin bij te wonen?